コミュニケーションに失敗しないための

ビジネスメールの書き方 100の法則

BUSINESS EMAIL

一般社団法人日本ビジネスメール協会 代表理事

平野友朗
TOMOAKI HIRANO

JN104600

日本能率協会マネジメントセンター

はじめに

「名前と様の間にスペースは入れますか」
「挨拶は省略してもいいですか」
「メールには毎回署名が必要ですか」
「どうやったら開封率は上がりますか」
「メールで期限を切ったら失礼ですか」

このような質問に、あなたなら、どう答えますか。自分の経験から「どうしている」は答えられるかもしれません。しかし「なぜ、そうすべきか」まで答えられる人は一握りです。

上司や先輩から教わったこともあるでしょう。多くの人は自分の経験を頼りにアドバイスをするので、同じ会社の中であっても回答が異なることは珍しくありません。その教えは腹に落ちましたか。

人は、納得が行かないと受け入れられないので、アドバイスをもらっても、やり方を変えない可能性があります。教えてもらったとおりにやって失敗した経験が一度でもあれば、その後は教えに疑心を抱きます。

大切なのは「そうすべき理由」です。どうするべきかを教えられる人は少なくありません。世の中のマナー本にも書かれているように、情報はあふれています。情報の受け手である私たちに求められるのは、そうすべき理由を理解し、納得して、その方法を取り入れ、改善することです。

私はメールコミュニケーションの専門家として、年間150回以上の研修に登壇し、これまで10万人以上にメールの使い方を指

導してきました。メールに関するテーマを中心として、書籍を30冊以上出版し、取材を1500回以上受けてきました。ビジネスメール教育に20年以上携わる中で最近強く感じるのは「答えだけを簡単に求めすぎている」ということです。

「挨拶は省略してもいいですか」という問いに「5通目からならいい」のような答えを求める人が増えていると感じます。失敗したくないから決めてほしい、という気持ちもわかります。しかし、相手は、やりとりしたメールを数えているわけではないので、急に書き方が変わったら違和感を覚えるかもしれません。挨拶を省略してもよいかは相手との関係性や場面にもよるのです。そのため、「5通目から省略していい」といった答えは導き出せないことがわかります。

答えと理由がずれていたり、納得が行かなかったりすると、学んだことを実践してもうまくいかず、新たな情報を求めて、インターネットで検索したり、本を読んだりすることになります。十分な現場経験のない書き手が発信する情報は、いたずらに読み手を混乱させ「Aが正しい」「Aは正しくない」と正反対な答えにたどりつくこともあるでしょう。情報の受け手は、確証を得るために調べ続けることになり、些細な疑問であっても膨大な時間を費やします。

私はいままで150万通以上のメールを送受信してきました。上場企業から中小企業、個人事業主まで、多くの人のメールを添削してきました。多種多様なメールに向き合ってきた経験から、ビジネスシーンで求められる平均的なメールを理解しています。

本書では、これまでに受けた質問の中から代表的なものを100点に絞り、理由を重点的に解説しています。わからないことや知

りたいことの答えを手にすれば、悩むことは減り、メールへの苦手意識も消えるでしょう。大幅な時間の削減やストレスの軽減が期待できます。

　仕事のメールは5分以内で作成したいところです。目指すは3分。悩むことが減れば、一気に書いて、そのまま送信ができます。この本を読んで、ちょっとでも心が軽くなり、止まりがちだった手がさくさく動くようになり、作業効率が上がればと思っています。

　メールは、不快感がなく、伝わることが重要です。受信者が不快に思う点がどこにあるのか、どのレベルだったら許容されるのかを知るべきです。不快感がなくても、伝わらなければ意味はありません。どうやったらメールの目的を達成できるのか。それも同時に考えるべきです。

　ビジネスメールの悩み事の解消、伝わるメールへの改善に向けて、本書がお役に立てることを祈っています。

2023年4月

一般社団法人日本ビジネスメール協会

平野 友朗

第2章 やりとりの基本を押さえる

第3章 目的を達成する本文にする

第4章 効率化の工夫をする

第5章 **臨機応変に対応する**

第1章

書き方・送り方の基本を押さえる

まずは印象をよくし、今後の関係を上手に構築するために必要な、ビジネスメールの基本的な書き方を身につけましょう。

会ったことがない相手には、どんなメールを送るべきですか

　会ったことがない相手にコンタクトをとるときは、**警戒心を解くのがスタート**です。互いに知っているけれど会ったことがないだけなら連絡しやすいでしょう。しかし、多くの場合は、互いに知らない、会ったことがない中で、こちらには目的があってコンタクトをとりたいわけです。

　会ったことがない人から、いきなりメールが届いたら、どう思うかがわかれば、どんなメールを送るべきかの答えが見えてきます。**相手が抱くであろうと思われる疑問を全て払拭できなければ、読んではもらえず、まして返信は期待できません。**会ったことがない人にメールを送るときのポイントは、次の3つです。

①**関係性を伝える**
②**信頼できる人物だと伝える**
③**メリットのある人物だと伝える**

　安心できて、メリットを提供してくれるとわかったら、無下にはできません。会ったことがない相手が社内の人の場合は、同じ会社なのでそれほど警戒はされないでしょうが「誰だろう」と思

われることは目に見えています。「新入社員の○○です」のように名乗り、**メールを送った意図を伝えます**。経緯や意図、目的や要求がしっかり伝わり、相手がピンときたら、スムーズに読み進め、速やかに返信してくれるでしょう。「これは私が受け取るべきメールだ」と思ってもらえれば成功です。会ったことがない相手が社外の人の場合は、**経緯を伝えることが特に重要になります**。紹介者がいる、インターネットで検索して見つけた、サービスを導入している、製品の購入を検討しているなど、コンタクトをとるに至った背景に触れます。接点は面識の有無だけとは限りません。**互いの関係性を書くことで、相手の不安や警戒心を解きほぐして、メールを受け入れやすくなります。**

　製品の利用者と書いてあったら、相手のことを「お客さま」と認識して丁寧な対応を心がけることでしょう。返信しないという選択はありません。ここで、関係性を書かずに「ご質問がありメールをしました」とだけ書いてあったら大切にすべき相手か判断できず、距離感をはかり損なう可能性があります。答える義理はないとなれば返信はこないでしょう。

　こちらから営業などの用件でメールを送るときも同様です。相手にきちんと対応してもらうためにも、**自分が重要な人物であると印象づける必要があります**。相手のことをきちんと調べてメールを送れば、相手も自分事だと捉えて、じっくり読んで、必要なら返信します。返信が欲しいなら、企業規模や事業内容などを調べて、**都度、相手に響くメールを書く必要があります**。コピーアンドペーストで量産したメールを送っても効果は期待できません。会ったことがないからこそ「私のために書いてくれた」と思うようなメールを送らなければ突破できないのです。

引き継いだ名刺で
面識のない相手に
メールを送っていいですか

　一般的には、会社対会社で取引をしているならば、担当者と同じ会社の別の人からメールが届くことはあり得ます。ただ、一部の業界では、断りもなく名刺を引き継いではいけないという風習もあるので、自分の業界のルールにのっとって対応しましょう。特段ルールがないならば、メールを送ること自体は問題がありません。

　異動や退職などで担当者が変わるときは、事前に連絡するべきです。後任の紹介をして、きちんとつないでおけば、引き継いだ名刺の相手にいきなりメールを送るということにはなりません。事前の紹介を怠ると、後任者がメールを送りにくい状態に陥ります。それは前任者の問題です。**取引先と後任者をつなぐところまでが引き継ぎです。**

　担当が変わるとき、取引先には次のような情報を伝えればよいでしょう。

- いままでのお礼
- 担当変更の理由
- 新担当者の連絡先

　そのほかに、思い出深い仕事の話や、どんな学びがあったのかなどを具体的に書くと、さらによい印象になります。これによって後日、新担当者から連絡があっても、相手が違和感を覚えることはありません。このような引き継ぎをせずに名刺の情報だけ渡すのは、それまでに構築した関係を壊すのと同じです。

　ただし、成約には至らず1年くらい連絡をとっていないアプローチ先には担当者変更の連絡をするのも違和感があるので、連絡はせずに名刺の情報だけが後任に引き継がれることは珍しくありません。

　そのようなケースでは、引き継いだ名刺のメールアドレスにメールを送るとき、なおのこと理由が問われます。相手からすると、知らない人からメールが届いたわけですから「誰だろう」「どうして連絡先を知っているんだろう」と疑問が生まれるのは当然です。**この疑問が解消されなければ、メール自体が無視される可能性があります。**しっかり読んでもらい、次につなげるために必要なのは理由です。不信感や不安感を払拭できなければ、コミュニケーションはとれません。

初めてご連絡いたします。
○○会社の××と申します。

以前担当していた弊社の△△より引き継ぎましたので
あらためて連絡させていただきました。

　これだけでは、ただの担当変更の挨拶なので、この後に用件を書きます。**面会を求めるなら、その理由も必要です。**相手にとってのメリットや面会の意図をしっかり書きましょう。

「重要度」を
設定してもいいですか

　メールソフトによっては、送信するメールの重要度を知らせる「重要度の設定」という機能があります。**この機能は、基本的には使うべきではありません。**

　Outlookの場合、メールの作成画面でオプションを押すと重要度「高」（赤いエクスクラメーションマーク）、重要度「低」（青い下向きの矢印）を選択できます。

●**重要度の設定画面**

※設定→

　重要度の程度を示すことで、よりわかりやすくなると考えた配慮のように思えるでしょう。しかし、送信者が「重要度が高い」というマークをつけても、**受信者がメールを読んで「これは重要度が高い内容だ」と思うとは限りません。**

　たとえば、営業担当者が、顧客に見積もりを送るというのは重

要な仕事です。このときに重要度を「高」にしてメールに見積書を添付して送ったら、どうでしょうか。相手が待ち望んでいる重要な見積書ならば、重要度が高いことに納得するかもしれません。しかし、参考までにもらう見積書だと、受け手にとっての重要度は低いといえます。メールというのは個人の作業空間です。ここに土足で踏み込んで「重要」というマークをつけて宣言するのは、ときにやりすぎにもなります。

　重要度の設定がうまく機能するのは、次のようなケースでしょう。

①どのようなときに使うか共通認識がある
②互いに同じような感覚で仕事をしている

　たとえば、チーム内で、1時間以内に返信してもらいたいメールは重要度を「高」にするというルールがあったとします。**チームのメンバーは重要度に関して共通認識ができているため、使ったところで違和感はありません。**受け取ったメールで重要度が高いもの（＝緊急性が高いもの）から処理をするでしょう。

　そもそも「重要度が高いというマークがついているから開く」「重要度が低いというマークがついているから後回し」というように、他人がつけたマークに左右されてメールを処理してはいません。**自分にとっての重要度を判断して、処理しています。**迷惑メールが重要度「高」で送られてくるケースもあるので、自分以外がつけた記号を全面的に信用する人は少ないでしょう。そうしたことから、重要度の設定機能は、ますます価値を失っていくと考えられます。

開封してもらいやすい、反応してもらいやすい時間帯はありますか

　メールは仕事で使うものなので、勤務時間内に対応する必要があります。その前提だと、送るのは自社の営業時間内に、届くのは相手の会社の営業時間内と考えるのが一般的です。そのため、素早い開封や反応を期待するのであれば、**メールを送るのは、相手の営業時間内を目安にします。**

　相手はそのうえで、優先順位の高さによって、メールを読む、読まない、後回しにするなどの判断をします。たとえば、返事を求めないような一方的なメルマガや定期接触のメールの場合は、相手の業務に支障をきたさない、**暇な時間帯や手が空くと思われるタイミングに送るのがよいといえます。**

　電車では大勢の人がスマートフォンの画面を見ています。SNSを見ている人だけでなく、仕事のメールを見ている人を見かけることも珍しくないでしょう。情報提供メールは、通勤時間帯や昼休みに合わせて送ることも有効です。

　読まれやすい曜日はあるのでしょうか。仕事として読むべきものは、営業日であればどの曜日でもかまいませんが、メルマガなどは相手に余裕がある時間帯が望ましいでしょう。

　経営者向けの情報発信ならば、朝早くから活動している人が多

いので8時前後が望ましく、**一般社員向けで出社してから読むと思われるメールなら9時前後でもよいでしょう。**福利厚生サービスの情報提供など、**会社で読むか、自宅で読むかわからないようなものは、場所を問わずに確認してもらえる夕方の時間帯が望ましいといえます。**

　一方的な通知であっても、システムのメンテナンスなどの情報は業務に直結するので、どの時間帯でも問題がありません。

　それでは、相談や質問など返信を求めるメールや、お礼や報告などしっかり読んでほしいメールは、いつ送るべきでしょうか。これらは正直なところ、どの時間帯に送っても大きな差はありません。

　自分が処理するべきメールを思い出してください。朝に届いても、昼に届いても、夕方に届いても、全てのメールを処理しているはずです。**自分にとって必要な連絡、自分が処理するべきメールと認識されれば、結局のところ、どの時間帯でも対応されるのです。**

　あえて言うならば、相手のメールのスキルが低い場合や相手が多忙な場合は、忙しい時間帯や曜日を避けるのも配慮としてあってもいいでしょう。ただし、それによってメールを送り忘れたり、対応もれが起こったりするなら本末転倒です。

　まずは忘れずにメールを送るのが先です。メールを届けることができれば、受け取った相手が都合のよい時間帯に処理するでしょう。そこは相手の判断に委ねてもよいところです。

　相手への配慮は大切ですが、前提条件を理解すれば、すべき配慮が見えてきます。メールを送るタイミングは相手の営業時間や業務時間を目安にすればよいのです。

件名のつけ方のコツを
教えてください

　件名は、開封しなくても用件がわかるくらい具体的に書きます。「お礼」「ご相談」「お願い」だけの抽象度の高い件名は避けたほうがよいでしょう。

　相手は、開封するまで詳細がわかりません。「相談」ということはわかるけれど、何の相談かわからないわけです。忙しい中、重要な仕事の相談だと思って急いで開封したら、懇親会の場所の相談だったとなれば「いま開封する必要はなかった」と思う可能性があります。紛らわしい件名でメールを送ってきた相手に不快感を抱くかもしれません。これが続くと「○○さんからのメールは後でいいや」と後回しにする習慣がついてしまうでしょう。

　受信者は「誰から」の「何の件か」を見て重要度や緊急度を判断して、メールを開封するかを考えます。「何の件か」を示すのが件名です。相手が判断するのに必要な手がかりを、きちんと提示すべきです。

　たとえば、件名が「作成のご相談」だと何を作成するのかわかりません。それが「提案資料作成のご相談」とあれば、相手もイメージがつきます。さらに、開封しなくても用件がわかるレベルで書くためには「いつ」の「どの案件」の「何」を「どうしてほ

しい」のかという情報があるとよいでしょう。「6月提案資料（○○社）作成のご相談」とすれば、6月に提案することになっている○○社の資料作成の相談であることが伝わります。

　次の例を見てみましょう。抽象度の高い件名を具体的に改善しています。

わかりにくい件名	改善した件名
資料について	ビジネスメール研修（4/10）資料確認のお願い
ご相談	○○社お見積内容のご相談
報告	○○イベント進捗状況のご報告

「相手がメールの返事をくれない」と嘆く人がいますが、もしかすると相手に意図が伝わっていないのかもしれません。「〜について」「〜の件」という件名だと、報告なのか連絡なのか相談なのか、判断がつきません。メールの送り手は相談のつもりで書いたけれど、相手は報告だと思って読んでいる可能性があります。意見を求めるときは「相談」という言葉を使います。さらに、本文に「アドバイスをいただけないでしょうか」のように具体的に書いて、望むアクションを伝えるべきです。

　件名に「〜の件につきまして」と書くのも、くどい印象を与えるのでやめたほうがよいでしょう。件名を「作成のご相談です。」と文にするのも不要です。当然、件名の最後に句点（。）を打つ必要もありません。シンプルに「〜のご相談」「〜のご報告」「〜のお知らせ」とすれば意図が十分伝わります。

返信がない場合、件名に【再送】と書いて送り直せばいいですか

　再送だと示したほうが相手にとってメリットがある場合は、件名に【再送】と書いて送ってもよいでしょう。たとえば、1通目のメールに金額や日付の誤りがあったとき、該当箇所を修正して同じ件名でもう1通送ったら、相手は元のメールと新たに送られてきたメールの違いがわかりません。2通も送ってきた意図すら伝わりません。このようなときは、2通のメールの違いや意図を伝えないと仕事に支障をきたすため【再送】と書いて「新たに送った、こちらのメールを読んでください」とサインを送るのが丁寧です。

　では、返信がないからといって、本文はまったく同じメールの件名の頭に【再送】とつけ加えて送るのは、相手にとってメリットがあるでしょうか。メリットとは、そうするだけの長所や価値、利点のことです。件名に【再送】という言葉を追加して同じメールを2回送ることで感謝されるでしょうか。

　「返信は不要」と思って返信していないのであれば、【再送】と書かれたメールを受け取っても不快になるだけです。返信するかは相手しだいなのに、返信を強要しているようにも映ります。

　「返信が必要」だとわかっているところに【再送】と書かれた

メールが届いたら、**急かされて不愉快なうえに雑な印象を受ける**
でしょう。それならば、新規でメールを作成して、状況の確認と
あわせて用件を再度伝えたほうが丁寧です。元のメールを生かす
なら、新たに件名をつけて、先日送ったメールの確認だと伝わる
ようにすればよいでしょう。

　同じ内容で再度メールを送る場合は、再送というよりも確認や
催促というニュアンスが強くなるからこそ、一方的に「返信をし
ていない」と決めつけて送ってはいけません。

　メールは不確かなコミュニケーション手段です。通信経路のど
こかで消失する可能性もあります。サーバーの不調や迷惑メール
フィルターの過度な働きにより、届かなくなる可能性も十分ある
のです。

　決めつけではなく「念のため」「確認のため」というニュアン
スを盛り込みます。これによって相手も気持ちよくメールを受け
取ってくれるでしょうし、処理もスムーズになるはずです。

●説明を添えてメールを送り直す例

> 山田太郎様
>
> お世話になっております。
> 一般社団法人日本ビジネスメール協会の平野です。
>
> ビジネスマナー講座（4/28 開催）受講者名簿の件で
> 先日メールをお送りしております。
>
> まだこちらのメールにご対応いただけていないようなので
> 確認のため、再度メールをお送りしました。

TOに2人以上入れる場合、宛名はどのように並べたらいいですか

　メールのTOには「あなたが責任を持って対応してください」と、返事を求める相手を入れます。CCには「念のため読んでください」という相手を入れます。

　TOに2人以上を入れると責任の所在がわからなくなるので、原則としてTOには1人を設定します。TOに入っていれば対応を求められていることはわかります。しかし、ほかにもTOに入っている人がいると、互いが「相手（誰か）が対応するだろう」と考えて、誰も対応しないということにもなりかねません。

　それでも理由があってTOに2人以上を入れるときがあるでしょう。たとえば、2人の担当者に面談のお礼メールを送るとき、1人をTOに入れて、もう1人をCCに入れるわけにはいきません。CCに入れられた人は「なぜ私がCCなんだ。サブの担当だと思っているのか」と憤慨する可能性があるからです。ほかにも、一斉に通達を出したいときなどは、TOに数人を入れて送ることもあるでしょう。

　相手に反応を求めるメールで、TOに2人以上を入れるときは**「Aさんは○○をお願いします。Bさんは××のご対応をお願いします」**と指示を出せば「誰が対応すればいいのか」と迷わせる

ことはなくなります。

　それでは、TOに2人以上を入れる場合の宛名の書き方を見ていきましょう。**名前の並びによって、相手がどう感じるのかも考える必要があります。先に書いてある人のほうが立場は上だと考えるのが一般的です。**つまり、宛名の書き方で序列をつけていることになるのです。

　主要な担当者や取引先、関連会社のように主従関係がわかる場合は、主となる人を先に書きます。**50音順など規則性がある並べ方が無難です。**後で聞かれたときに、説明できるような一定のルールやパターンであるとよいでしょう。

```
株式会社アイ・コミュニケーション
平野友朗様
一般社団法人日本ビジネスメール協会
山田太郎様
```

　誰が主たる担当者かわからない場合は、事前に「窓口は、どなたでしょうか」と聞いたうえで「○○さんをTOに入れて送りますね」と伝えておくと「どうして○○さんがTOで、私がCCなんだ」といった感情のもつれを防げます。

　TOに入れる人が多いときは、それぞれの名前を書かないほうが無難ともいえます。「○○チームの皆様」「○○プロジェクト関係者各位」のように全員を1つにまとめた言葉を使えば、序列をつけることにはなりません。

　「各位」とは「皆様」と同じく複数の人を対象とするときに呼びかける言葉です。各位とあれば複数の人を指していることが伝わります。

CCに5人くらい入れる場合、宛名を「関係者各位」でまとめていいですか

　宛先に複数の関係者を入れるときは「関係者各位」「○○チームの皆様」などと1つにまとめてかまいません。これは宛先がTOであってもCCであっても同じです。

関係者各位

お疲れ様です。平野です。

山田様
（CC：関係者各位）

お世話になっております。
一般社団法人日本ビジネスメール協会の平野です。

　各位は皆様と同じ意味です。各位という言葉があると、複数の人に送っていることがわかります。TOに各位とあれば複数の人が主たる受信者になっている、CCに各位とあれば複数の人に共有されていることが伝わります。「各位様」「各位殿」と敬称をつける傾向もあるようですが「各位」という言葉に敬意が含まれているので「様」「殿」は不要とされています。

　5人、10人と名前を並べると、煩わしいと感じることがあります。また、1人1人の名前に間違いがないかを確認したり、並び順を考えたりするのは非効率です。そのようなときは関係者各位を使います。

　各位は複数の人を対象にするときに使う言葉なので、2人以上で使えます。ただし、2人のときは名前を併記するのが一般的です。そのため、各位を使うのは3人以上を対象に判断するのがよいでしょう。

山田様
（CC：鈴木様、田中様）

お世話になっております。
一般社団法人日本ビジネスメール協会の平野です。

　「CC：鈴木様、田中様」という2人の並びには、役職順や年齢順、業務との関わりが強い順、50音順など意味を持たせます。学生のように学年が基準であると並べやすいですが、社会人の場合は転職などもあるため、年齢だけでは簡単に判断できないことも少なくありません。

　人を順番に並べると、送信者が序列をつけていることにもなります。相手が、その並びに違和感を覚えれば、不快感を持つことにもなりかねません。「どうしてAさんより私のほうが先なんだ。年齢が上に見えているのか」というように、理由を考えてしまうのです。明確に判断ができない場合は、個人名を書くのではなく、（CC：関係者各位）のように1つにまとめて書いたほうが誤解はありません。

BCCでの一斉送信は
やめたほうがいいですか

　BCCで一斉送信しているなら、ただちにやめましょう。享受できる便利さよりも、BCCでの一斉送信の落とし穴にはまって被るリスクのほうが大きいのです。

　BCCに入っているメールアドレスは、TOやCC、BCCでの受信者本人以外には表示されません。**BCCは、受信者の存在やメールアドレスをほかの人に知られることなくメールを共有するのに重宝されています**。休暇の連絡をお客さまに送りたい、トラブルをユーザーに報告したいなど、1通のメールで複数の人へ同時に知らせたいときにBCCを使うことがあります。

　BCCの落とし穴として、BCCに入れるべきメールアドレスを、TOやCCに設定したら、受信者全員に互いのメールアドレスが見える状態になります。**メールアドレスも立派な個人情報です。情報漏洩として重大な問題に発展するでしょう。**

　会社としての責任が問われ、一瞬で起こった事故の影響は消えることなく残り続け、一度失った信用を取り戻すのは容易なことではありません。このようなミスが一度起これば レッドカード、一発退場です。社員数が多ければ多いほど、このようなミスが起こる可能性は高まります。エラーが起こるという前提で考えるな

ら、ミスの原因となるBCCを使わなければいいのです。

　BCCを使わなくても方法はあります。

①1人1人へ個別に送る
②一斉送信システムを利用する

　まずは、横着をせず、1人1人にメールを送るべきです。新規メールを立ち上げて、過去のメールなどからメールアドレスや名前をコピーして、一からメールを書きます。**同じような作業を繰り返すので、宛先のメールアドレスと名前を間違えることがないよう注意します。**手作業であっても、数人程度ならミスは起こりにくいでしょう。しかし、50人、100人に送るとなると、エラーが起こる確率は高まります。

　手作業での送信に限界を感じたら、一斉送信システムの利用を検討してもよいでしょう。

　大勢に送るなら、一斉送信システム一択です。月額数千円程度から使えるものがあります。それで誤送信トラブルのリスクを回避できるのは安いものです。

　一斉送信システムは、Excelなどのデータをクラウドサービスに読み込ませて、それぞれのメールを生成します。元のデータに不備がなければ、正しい宛先に、正しい名前で届きます。**データの整備にこそ時間はかかるかもしれませんが、個々のメールをチェックする必要はないので、一斉送信の王道を行くといえます。**

敬称は「様」「さま」「殿」「さん」のどれを使ったらいいですか

　敬称は「様」「さん」を使うことが一般的です。「様」を「さま」とひらがなにするとやわらかい印象を与えることができます。

　敬称が必須なのはわかるけれど「様」「さま」「殿」「さん」などいろいろあるので、どれを使ったらいいか悩む。そんな声を耳にします。メールは文字によるコミュニケーションです。正しいとされる言葉を使っても、それを相手が不快に感じたのでは意味がありません。**どんな言葉も「相手がどう感じるか」を基準に判断します。**

　まずは「殿」から見ていきましょう。表彰状に「殿」と書いてあっても違和感はないけれど、手紙に「殿」と書いてあると重々しく感じられることがありませんか。

　そのような声を受けて、薬局などでもらう薬の袋に書かれる名前には「殿」という敬称を見かけることが、ほとんどなくなりました。一部の会社では、慣例として社内の敬称に「殿」を使うこともあるようですが、あくまでもローカルルールとして考えます。**相手が違和感を覚える可能性があることは、避けたほうがよいでしょう。**

　次に「さん」と「様」を見てみましょう。「さん」は距離が近

いと感じる人がいます。ただ、社内では「山田部長」と役職で呼ばずに「山田さん」と呼ぶ文化がある場合は、会話と同じくメールでも「さん」を使います。社内など比較的距離の近い関係では「さん」を使うケースが増えているようです。一方、社内でもあまり面識がない場合や、大きな組織に所属している場合などは「様」を使うなど、関係性によって使い分けることができます。

　言葉に迷ったら、インターネットで調べる前に辞書を引きましょう。インターネットの情報は、古かったり、不確かなものが多かったりするので、あくまでも参考程度に。記者が記事を書くときに参考にしている共同通信社『記者ハンドブック　新聞用字用語集（第14版）』から「様」についての解説を引用します。

…さま
＝様［敬称］王様、お釈迦様、神様、観音様、殿様、仏様
［注］漢字書きで掲げた用例以外はなるべく平仮名書き。

　メディアでは「お客様」ではなく「お客さま」との表現が一般的です。そのため、メールでも敬称は「さま」を使うメディア関係者は多いように思います。一方、そのような表記ルールに触れることのない人たちは「様」を使う傾向にあるようです。中には「さま」だと馴れ馴れしいと感じる人がいるのも事実です。

　相手がどう感じるかわからないときは、敬称は「様」を使うのが無難でしょう。親近感を表現したいときに「さま」を使うのは許容範囲だといえます。**迷うくらいであれば「様」で統一しましょう。**

「山田太郎　様」のように
名前と敬称の間には
スペースが必要ですか

　名前と敬称の間には、スペースがあってもなくてもどちらでも
いい。それが答えです。名前を間違えない、敬称をつけ忘れない
のが大切で、それ以外は絶対の決まりはありません。スペースが
あると失礼、スペースがないと失礼、スペースがあるかは気にし
ない、このようにどう感じるかは個人差があり、宛名の書き方も
人それぞれです。

　宛名には、メールを送る相手の名前を書きます。面識のない相
手に初めて連絡するときや親しくなる前、同姓の人がほかにいる
ときなどは「山田太郎様」とフルネームにして、近しい相手や何
度もやりとりしているときは「山田様」と姓だけにするなど書き
分けることができます。その際、名前と敬称の間にスペースを入
れるか悩むという声を聞きます。さらに、フルネームの場合は、
姓と名の間にスペースを入れるか迷う人もいるようです。

　迷うときは、正解がないことを前提に、受け取るメールになら
うか、見比べてバランスがよいと感じるほうを選ぶのが一番で
す。正解がない以上、スペースを入れるかどうかで悩むのは時間
がもったいないと思いませんか。スペースの有無や全角と半角そ
れぞれのパターンで宛名を書いて見比べてみましょう。

●パターンの比較

①	スペースを入れない	山田太郎様
②	姓名の間に全角スペース	山田　太郎様
③	敬称の前に全角スペース	山田太郎　様
④	姓名の間と敬称の前に全角スペース	山田　太郎　様
⑤	姓名の間に半角スペース	山田 太郎様
⑥	敬称の前に半角スペース	山田太郎 様
⑦	姓名の間と敬称の前に半角スペース	山田 太郎 様

　見比べてみると、好みの問題であることがわかります。ただし、②〜④の全角スペースは間延びした印象を受けます。宛名を機械的に印字しているダイレクトメールのようにも感じるでしょうか。どちらかというと、半角スペースのほうが無難だといえます。

　スペースの有無だけで比べてみると、どうでしょうか。書き手は視認性を考えてスペースを入れます。スペースがあると、各要素が目に飛び込んできます。でも、読み手が自分の名前を見逃すことはありません。「ここから、ここまでが名前。ここは敬称の様」というように、区別しなくてもわかるのです。

　スペースが必ずしも有効とはいえず、両者の差が小さいなら、スペースキーを押すだけ時間の無駄と考えてもよいでしょう。

宛名には、会社名や部署名、役職名は書かなくてもいいですか

　宛名には「会社名」「部署名」「役職名」「姓名」「敬称」を書きます。これが最も丁寧に見えるフォーマルな書き方です。初めての連絡や初回訪問のお礼など丁寧に対応したいときは、次のように書きます。

株式会社アイ・コミュニケーション
営業部　部長
平野友朗様

　挨拶を交わす程度の間柄ならまだしも、やりとりが続いて互いに顔を知った関係になると、しだいに違和感を覚えるようになります。電話や対面では「平野さん」と呼んでいるのに、ここまでかしこまる必要があるのか疑問に思うのも当然です。

　そのため、**やりとりを続けていく中で部署名や役職名を省略するなど、関係性に合わせた書き方をしてバランスをとります**。では、どのタイミングであれば省略できるのでしょうか。

　こちらが相手より上の立場であったり、コミュニケーションをリードしていたりする場合は、こちらの裁量で省略するのがよい

でしょう。「打ち解けてきたし、そろそろ省いてもよいころだろう」と判断します。

　タイミングをはかるのが苦手な人は、相手に合わせるのが一番です。相手が部署名や役職名を省略したら、こちらも省略する。姓と敬称だけにしてきたら、こちらも合わせる。そのように相手の書き方にならえば、違和感は生まれません。普段は姓と敬称だけでも、謝罪などややかしこまった場面では、会社名を書くかもしれません。そのときも、相手に合わせるのが無難です。

　普段やりとりをしている相手ならば、このように直前のコミュニケーションを参考にするのが一番。では、1年ぶりに連絡するなど間をおいてコミュニケーションをとる場合はどうでしょうか。1年も経つと、部署名や役職名が変わっていたり、商号変更などで会社名が変わっていたりする可能性があります。宛名はメールの冒頭部分なので、ここに誤りがあると、相手が不快感や違和感を持ったままメールを読み進めることになります。そうなれば、内容の理解にも影響を与えます。

　相手の会社名、部署名、役職名に確信が持てないときは、間違えるくらいなら書かないほうがいいでしょう。間違っていて相手を不快にさせるリスクと、会社名などが書かれていなくて相手が不快になるリスクは、どちらが高いでしょうか。これは言わずもがなです。

　「メールは5回目で会社名を省く」などと機械的に判断している人がいますが、相手はメールのやりとりを数えていません。「5回目だから会社名を省略してきたな」とは思わないのです。**省略は可能ですが、場面と関係に合っていないと違和感を与えます**。この2点をふまえて柔軟に判断しましょう。

相手の名前の漢字がわからないときは、カタカナでいいですか

　会ったことがあり名刺を交換していれば、相手の名前や漢字の表記がわかります。ウェブサイトのフォームからきた問い合わせであれば、相手が登録した情報があるので、やはり、相手の名前や漢字の表記がわかります。

　メールでのやりとりが増えたいまでも、電話から始まるコミュニケーションは多いでしょう。面識のない相手から電話がかかってきて「資料をメールで送ってください」と言わることがあります。電話口で名前とメールアドレスを聞き、いざメールを送ろうとしたタイミングで、相手の名前の漢字を聞いていなかったことに気づいて「あのときに聞いておけば」と思っても後の祭りです。

　このようなとき「たぶん」「おそらく」で漢字を当てるのは避けるべき。**同音でも名前の表記にはさまざまな漢字があります。**

　たとえば「わたなべ」さんは「渡辺」「渡邉」「渡鍋」「渡部」といろいろなパターンが存在します。自分の周りには渡部さんがいるから、相手も渡部と書くに違いないと判断すれば、間違える可能性があることは言うまでもありません。「いとう」さんならばどうでしょうか。「伊藤」が真っ先に思い浮かぶかもしれませ

んが「伊東」「井藤」「井東」とほかにも複数のパターンが考えられます。「圧倒的に伊藤が多いはずだ」と思って書いたら間違っていた。そうなったら、どうなるでしょうか。

　自分の名前が間違っていて気づかない人はいませんし、決して気持ちのいいものではありません。相手の名前の漢字がわからない場合は、次のような対応が考えられます。

①ウェブサイトやSNSで調べる
②電話で確認する
③カタカナで書く

　小規模な組織の場合、電話で話をした人がウェブサイトやSNSに載っているケースも珍しくありません。会社の代表者や役員であれば、名前が載っている可能性はさらに高いでしょう。SNSで調べる場合、会社名などで当たりをつけて、同一人物だと100%確証が持てるなら、そこにある表記を用いてもよいでしょう。ばつが悪くても、電話で確認すれば確実です。

　①②の対応ができない場合や、電話で確認することで相手の時間を奪い迷惑をかけてしまうと考えられる場合は、カタカナで書きます。

　いくつかの方法をあげましたが、手間や与える印象を考えると、電話口で相手の名前の漢字はどのように書くか、表記を聞くのが一番だとわかります。**メールを送ることがわかっているなら、電話をしながらメールを立ち上げて、相手の名前を聞いたらメールの本文に入力し、いったん下書きに入れておくのも有効です。**

「髙橋さん」を
「高橋さん」と書いても
いいですか

　名前は個人を示す大事な情報です。姓は先祖から代々受け継が
れたもので、名前には意味があり、家族が心を込めてつけてくれ
たものを大切に思っている人も多いでしょう。**間違えれば大変失
礼になるので、正しく記載すべきです。**

　ここで1つ、頭を悩ませる問題があります。それが環境依存文
字の存在です。姓では、次のような例があります。

	環境依存文字での表記
高橋	髙橋
山崎	山﨑
岩瀬	岩瀨

　たとえば、髙橋さんにメールを送ったとき「髙橋様」が「？橋
様」のように表示されてしまう可能性があります。OSが異なっ
ていても、文字コードによって共通認識がされているので「A」
と書いたら相手にも「A」と表示されます。しかし、「髙」とい
う文字は利用しているOSなどによって文字コードが異なるた

め、こちらでは「髙橋」と入力しているのに、相手が利用しているOSには対応する文字がなくて「?橋」と表示されるのです。環境依存文字は文字コードが異なり、相手に表示されない可能性があります。

対策や考え方としては、次のような方法があります。

①文字化けする可能性は低いから「髙橋」と書く
②文字化けさせたくないから「高橋」と書く

①の場合は、**相手から返信がきたときに、こちらの書いた部分で「?橋」となっていたら、それ以降は「高橋」と書くようにします。**「お名前が文字化けをしてしまい失礼いたしました。今回から高橋様と表記させていただきます」と書けば丁寧です。文字化けしない相手にはそのまま使う、文字化けする相手には説明して変えるなど、使い分けることは許容されているでしょう。

②の場合は、相手からしたら「髙橋なのに」と思うかもしれませんが、高橋で書かれることに慣れている可能性は高いです。**抵抗があるときは「文字化けする可能性がありますので、お名前を高橋様で書かせていただいております」と断りを入れると丁寧です。**

メルマガなどの一斉送信システムを使って送る場合は、環境依存文字が含まれているとエラーが出て、送れないこともあります。その際は、使わずに送るしかありません。

メールに季節の挨拶などの
気遣いは必要ですか

　ビジネスメールには、ビジネス文書に書くような時候の挨拶は不要です。たとえば、ビジネス文書は「拝啓」と書いた後に「新緑の候」「初冬の候」といった時候の挨拶、つまり、暦のうえでの四季の気候に合わせた挨拶が続きます。

　ビジネスメールの挨拶は「お世話になっております」などが一般的です。中には季節感を出すために「新緑がもえる季節になってきましたね」といった一言を添えて工夫する人もいますが「新緑の候」というビジネス文書で使う挨拶は書かないので、メールで使うと違和感を与えます。

最近めっきり寒くなって参りましたが、いかがお過ごしでしょうか。

急に暑い日が続くようになりましたが、体調など崩されませんように。

　季節に合わせて体調を気遣う言葉が、たまに入っていたら「気遣ってくれてありがとう」と相手は思うかもしれません。しかし、毎回同じような言葉が入っていたら、相手は「ただの定型文」とみなすようになり、言葉の持つ意味が薄れていきます。

　たとえば、打ち合わせのとき、会話の流れで「風邪をひいてしまいまして」と伝えた相手から次のようなメールが届いたら、どう思いますか。

先日は打ち合わせのお時間をいただき、ありがとうございます。
あのときは、とてもおつらそうでしたが、体調はいかがですか。

　打ち合わせのお礼にあわせて、体調を気遣う言葉が続きます。温かい心配りに感謝して「ご心配をおかけしました。体調はもうすっかりよくなりました」と返事をするのではないでしょうか。

　しかし、これに味を占めた相手が、メールを送ってくるたびに「寒くなってきましたが、いかがお過ごしでしょうか」「風邪がはやっていますが、体調はいかがですか」と書いてきたら、どうでしょう。最初は感動を覚えた言い回しも2回、3回と続けば違和感となり、それ以上になれば不快感が生まれます。

　気遣いの言葉は気持ちがあるときに発するべきで、機械的に使うものでも、自分をよく見せるために書くものでもありません。**定型文は、ときに事務的なコミュニケーションにも映ります。**相手が「定型的な対応だ」と感じたら、どんな言葉であっても心を揺さぶることはできません。

　挨拶に悩んで時間をかけるよりは、本文をしっかりと書くべきです。読みやすくて伝わるメールを書けるようになったら、季節に合わせた挨拶をしたり、体調を気遣ったり、相手に寄り添った言葉を添えてみましょう。伝わるメールが書けていないのに気遣いの言葉は満載だと、相手は「そこに時間をかけるならメールをしっかり書いてほしい」と感じるかもしれません。

メールの冒頭の挨拶は
毎回同じでもいいですか

　メールの冒頭の挨拶は毎回同じでもかまいません。「お世話になっております」「大変お世話になっております」「いつも大変お世話になっております」などを見かけることが多いでしょう。

　メールの用件は挨拶と挨拶で挟んで伝えます。武道の試合が「礼に始まり礼に終わる」のと同じです。食事をするときも「いただきます」から始まり「ごちそうさま」で終わります。挨拶は始まりと終わりの合図にもなります。

　挨拶をしないと「雑な人だ」「失礼な人だ」と思われることがあります。メールの冒頭に挨拶がないと唐突な印象を与えたり、最後に挨拶がないとメールが終わったのか判別できなかったりするかもしれません。挨拶は重要な役割を担っているのです。

　「挨拶」という言葉を『三省堂国語辞典（第八版）』で調べると、次のような説明があります。

---

1. 人と会ったり別れたりするとき、尊敬や親しみの気持ちを、ことばや身ぶりにあらわすこと
2. 礼儀を示すために、話したり書いたりすること

　メールで挨拶をするのは前ページ2.の「礼儀を示すため」であることがわかります。尽くすべき礼儀が伝われば言い回しがワンパターンでも問題はありません。「毎回、同じ挨拶をするとは敬意を払っていない」「挨拶に工夫がないのは礼儀知らずだ」と考えるビジネスパーソンに出会うことはないでしょう。

　礼儀を伝えるための挨拶が違和感を与えないようにします。初めて連絡をもらったのに「いつも大変お世話になっております」と書いてあると「初めて連絡をもらったと思うけれど、どこかで会っているのかな」「私は面識がないけれど、うちの会社の誰かとやりとりがあるのかな」というように「いつも大変お世話になっております」という表現が使われた背景を推測して、違和感を払拭しようとします。**これは相手にとって負担でしかありません。**それに違和感を持つのは正直な反応です。

　初めて連絡するなら「お世話になります」、過去にやりとりがあるなら「お世話になっております」、お世話になっている程度や頻度が高かったりするなら「いつも大変お世話になっております」などと**場面に合わせて段階をつけて書き分けましょう。**挨拶はいくつかのパターンを持っておけば違和感をなくせます。迷うなら「お世話になっております」で十分です。

（初めて）初めまして。／初めてご連絡いたします。／お世話になります。
（通常）お世話になっております。
（頻度が高い）いつもお世話になっております。
（程度が高い）大変お世話になっております。
（頻度・程度が高い）いつも大変お世話になっております。

連続してメールを送るとき 「重ねてご連絡して失礼いたします」は必要ですか

　連続してメールを送ることが、礼を欠く行為で軽く断ったほうがよいときや、失礼なことをしていると思うときに「重ねてご連絡して失礼いたします」と前置きするのは適切でしょう。**先に送ったメールに書けばよかったけれど書き忘れていたときは、メールを読む手間を増やしたことへのお詫びの気持ちも込めて「失礼いたします」と書きます。**

　しかし、メールを送った後、別件で連絡するときや、メールを分ける合理的な理由があるときは「重ねてご連絡して失礼いたします」と断る必要はありません。続けて連絡することに配慮したいときは、先に送るメールの最後で「この後、〇〇に関してメールをお送りします」のように予告しておけば、相手に心積もりしてもらえます。

　1つのメールに全ての用件を詰め込んで連続での送信を避けるか、1つのメールには1つの用件にして分けて送信するか悩む人もいるでしょうが、**原則、1つのメールは1つの用件にします。**

　1つのメールにたくさんの用件が書いてあると、返信が遅れたり、回答がもれたりします。たとえば、とあるプロジェクトの

「日程の相談」と「仕様の相談」が1つのメールに書いてあり、日程については即答できるが、仕様については回答がそろうまで時間がかかるとしましょう。日程と仕様の両方とも情報がそろってから返事をしようと考えれば、返信は遅れます。日程だけ返信して、仕様については後回しにしたら回答はもれます。

　送信者は返信がこなくて気を揉んだり、回答がそろわず確認が増えたりすれば、受信者はそんな事態を招く送信者を迷惑に思うかもしれません。そうならないようにするためにも、**用件の種類が異なる場合は、メールを分けたほうがよいのです。**

　仕様については、確認に時間がかかるといっても10分程度で判断できることであれば、日程と一緒に相談してもよいでしょう。しかし、多くの場合、相手がどのくらいの時間を要するかわからず、時間は読めないので、メールを分けたほうが合理的です。

　たとえば取引先に、導入中サービスの請求書の発行を依頼して、同時に別のサービスの見積書の発行を依頼するとします。依頼という同じテーマであっても相手は混乱するかもしれません。

　一方で「1月の会議」と「2月の会議」の日程を調整するよう依頼する場合は、1つのメールに書いたほうが対応しやすいでしょう。メールを分けると「一緒に聞いてもらえれば……」と思われる可能性が高いです。

　メールの通数ではなく対応がしやすいかどうかを優先して、次の判断基準でメールを分けるか考えましょう。

- 答えやすいか、答えにくいか
- 案件が同じか、別か
- 相手のメールのスキルが高いか、低いか

メールの結びは「よろしくお願いいたします」でいいですか

　メールの最後には、本文を締める結びの挨拶を書きます。**挨拶は「よろしくお願いいたします」が定型です**。そして、結びの挨拶の下に署名が入ります。メールの受信者は、結びの挨拶と署名を見て、メールが終わったのだと判断します。結びの挨拶と署名がないと、メールが終わったのか確証を得られず、引用で残っている過去のメールも含め下までスクロールして挨拶や署名を探すことになります。相手に無駄な手間をかけさせないためにも、結びの挨拶と署名は抜けもれなく入れましょう。

　結びの挨拶は「よろしくお願いいたします」が大部分の場合に当てはまります。けれども、**時と場合によっては「よろしくお願いいたします」に一工夫が必要です**。

　依頼であれば「よろしく」には「適切に対処してほしい」という意味が込められているので、受信者は「よろしくお願いいたします」という言葉から確認や対応など何らかのアクションを求められていると推測します。しかし、「よろしくって何をだろう」と求められていることを読み取れなかったら、当然、送信者が求めている反応は期待できません。受信者が「きっと、このような意図だろう」と考えて動いた結果、送信者の求めているのとは違

う対応をしてトラブルを招くかもしれません。

　次のメールのサンプルを見てみましょう。

山田様

お疲れ様です。田中です。

伊藤さんのメールアドレスは、○○から××に変わりました。

それでは、よろしくお願いいたします。

田中一郎

　受信者からすると、この「よろしく」が何に対しての「よろしく」なのか意図がわかりにくいのです。メールアドレスが変わったことはわかりますが、関連して何かしてほしいことがあるようにも読めます。次のように、いろいろな意図が推測されます。

- **顧客データベースの情報を修正してほしい**
- **変更があったという事実を知っておいてほしい**
- **備忘録として送っておきたい**

　当たりをつけて取り組んだら余計なことをしていた。そんなトラブルは避けたいですね。詳細を書かなければ相手には伝わりません。推測は、ときに誤解の種になります。

　「よろしくお願いいたします」と書くときは、この「よろしく」は何に対しての「よろしく」なのかも考え、求める反応をわかりやすく示しましょう。

結びの挨拶のパターンを
増やしたいです

　メールの結びの挨拶は、礼儀として必要なだけでなく、メール
が終わったことを示す役割も担います。さらに工夫すると、**受信
者にメールの趣旨を再度理解させる効果も期待できます**。

　短いメールは書いてある情報が少ないので、相手に求めている
アクションはわかりやすいでしょう。しかし、**長いメールは書い
てある情報が多いので、メールの最後にたどり着いたときには、
何を求めているのかわからないという状態に陥ってしまうことが
あるのです**。これを避けるために、最後に再度念を押します。

（検討を依頼する）ご検討よろしくお願いいたします。
（確認を依頼する）ご確認よろしくお願いいたします。
（対応を依頼する）ご対応よろしくお願いいたします。
（やりとりが続く）引き続きよろしくお願いいたします。
（やりとりが終わる）今後ともよろしくお願いいたします。

　メールの最後に「ご検討よろしくお願いいたします」と書いて
あると、相手は「このメールは検討を求めている」と再度認識し

ます。「ご確認よろしくお願いいたします」と書いてあれば「確認して、返信をしなくてはいけない」と思います。

　いきなり結びの挨拶を書くと、唐突な印象を与えることもあるでしょう。その場合は「**それでは**」と一言つけ加えるだけで、**話が終わる合図を同時に送ることができます。**

それでは、ご検討よろしくお願いいたします。
それでは、ご確認よろしくお願いいたします。
それでは、ご対応よろしくお願いいたします。
それでは、引き続きよろしくお願いいたします。
それでは、今後ともよろしくお願いいたします。

　「ご検討よろしくお願いいたします」だと検討を強要しているように映りそうな心配があるときは「ご検討のほどよろしくお願いいたします」と「ほど」をつけると直接的ではない言い回しになります。ただし、**多用すると下手に出すぎているようにも見えるので「ほど」をつけるかつけないかは、強い意志を示したいかどうかも基準に考えるとよいでしょう。**

　結びの挨拶のバリエーションが増えれば、悩むことは減り、メールをすらすらと書けるようになり、スピードが上がります。時間短縮にもつながるでしょう。場面に合った挨拶をすると、書き手の意図は明確に伝わり、読み手のレスポンスもよくなります。**頻繁に使う挨拶は単語登録して、すぐに呼び出せるようにしておくと便利です。**

2通目以降は署名を つけなくても いいでしょうか

　署名は一度設定すればメールを作成するたびに、自動で挿入されるので、メールの最後にあるのが当たり前、特に理由は考えたことがないという人が多いかもしれません。署名には役割があります。署名をつけることで期待することがあるのです。

　署名をつける主な目的は「便利」と「安心」の2点に集約されます。

　まずは「便利」について見ていきましょう。署名があると、相手はメールの送り主が何者であるか、また、送り主の連絡先を知ることができます。**連絡をとりたいときに、とりたい手段で連絡できるようになり便利です。**

　署名にメール以外の連絡先も書いておけば、相手が内容を電話で確認したいと思ったら、署名の電話番号を確認して、すぐさま電話をかけることができます。そこに電話番号が書いてなければ、電話をかけることができません。相手が何か郵送しようと思ったら、署名の住所を確認します。郵便番号が書いてないなど情報が不十分だと、住所を確認したり調べたりする手間が発生します。そうした事態を招かないためにも、署名には名刺に書いてあるのと同じ程度の情報を入れます。

●署名の内容

> 会社名、部署名、役職名、姓名、よみがな
> 郵便番号、住所、ビル・建物名、階数、部屋番号、電話番号、FAX 番号
> メールアドレス、ウェブサイトの URL

　次に「安心」についてですが、**署名がついていると相手は「きちんとした人（会社）から送られてきたメールだ」と思います。**社内メールなら署名が名前だけでも問題はありません。しかし、社外メールなのに名前だけだと「この会社は実在するのかな」と疑念を抱かれる可能性があります。最近は迷惑メールも増えて、巧妙な手口で送られてきます。**警戒されないためにも、きちんとした署名をつけて安心感を与えましょう。**

　メールのやりとりが続くと「相手は、こちらのことを知っている。連絡先も知っている。だから署名はいらない」という考えが頭をよぎるかもしれませんが、署名のついていないメールは便利かどうかを考えてください。

　最初のメールにだけ署名をつけて、2通目以降はつけていない場合、連絡先を確認するために最初のメールを探します。最初にメールを送ったときから住所が変わっていたら、どうなりますか。相手が最初のメールを見つけても、最新の住所はわかりません。しかし、毎回署名をつけていれば、過去のメールを探す手間も、最新の情報かと疑うこともないのです。

　いろいろなパターンを想定して、便利であるかは相手の立場で考えるべきことです。**返信が続いて新規の署名が都度つくのに違和感を覚えるときは、引用も含めて完全な署名を1つつければ、利便性と安心感を担保することができます。**

署名があるなら、
文末に自分の名前を
書く必要はありませんか

　署名とは、メールの最後に自分の名前を書くことです。**自動挿入される署名には名前が入っているので、それとは別に、文末に自分の名前を書く必要はありません**。1つで十分な署名が2つ入っている状態になるからです。

　署名には次のような役割があります。

①連絡をスムーズにとれるようにする
②安心感を与える
③メールが終わったという印を示す

　これをわかっていて自動挿入される署名の上に名前を書くのは、特に意味のない習慣かもしれません。

　メールの最後に社外向けの署名が自動挿入されるように設定している場合、社内メールでは社外向けの署名を消さなければなりません。それが面倒だから、社外向けの署名を残したまま、社内向けの署名として自分の名前を入力していることが考えられます。その癖で、社外にメールを送るときも、自動挿入される署名の上に名前を書いている可能性があります。社外メールと社内

メールを区別していないのです。

あるいは、理由を考えることなく、会社の上司や先輩のメールを見て「署名の上に名前を書いたほうがいいのか」と真似しているのかもしれません。

署名の上に名前を書くというのは、次のようなイメージです。

引き続き、よろしくお願いいたします。

平野友朗

―――――――――――――――――――――――

一般社団法人日本ビジネスメール協会
代表理事　平野友朗（HIRANO Tomoaki）
〒 101-0052
東京都千代田区神田小川町 2-1 KIMURA BUILDING 5 階
TEL 03-5577-3210
メール info@businessmail.or.jp
日本ビジネスメール協会サイト
https://businessmail.or.jp/

実際のメールを見ると、自動挿入される署名の上に名前はいらないことがわかります。**自然とされる書き方に反しているメールは違和感を与え、そこに気をとられた相手が重要な箇所を見逃す可能性を高めます**。普段から受け取るメールと自分のメールを比べて、違いに気づくことも大切です。誤解を招かない、不快にしないために、違和感の原因をなくしましょう。

メールに適した
正しい言葉遣いが
難しいです

　メールだからといって特段構える必要はありません。**ビジネス文書は決まった言葉遣いがありますが、ビジネス文書とビジネスメールとは似て非なるもの。**両方とも「ビジネスで書く文章」というくくりに入り、テキストでの情報伝達を通じて仕事を円滑に進めることを目的としています。しかし、**ビジネス文書には通達のような一方通行の側面があり、ビジネスメールには双方向的な側面があります。**

　ビジネス文書には書き方の型があり、日常の話し言葉とは異なる文書ならではの言い回しといった使う言葉も決まっています。「拝啓」「敬具」「記」「以上」を書いて「春暖の候」のような時候の挨拶を添えるなど、特有のルールにのっとって書くことが求められます。そうした独特な形式が難しいと考える人もいます。

　一方、ビジネスメールには、ビジネス文書のようなルールはありません。20年以上前はメールでも「貴社ますますご清栄のこととお慶び申し上げます」といった挨拶を見かけることがありました。しかし、いまでは完全な少数派です。**メールは文字を使った会話に近いコミュニケーションと考えると、わかりやすいでしょう。**

　たとえば会話なら「連絡します」と言われるような内容で、メールに「ご連絡申し上げます」と書いてあると「距離が遠い」「丁寧だけれど場面に合っていない」と感じませんか。**敬語は敬意を表す言葉ですが、同時に距離も示します**。使う言葉によっては「距離があるな」と感じさせ、かえって親近感を損なってしまうことすらあるのです。**メールで行うのは思考や感情を伝えるコミュニケーションと考えれば、言葉遣いは相手や場面によって決めるものだとわかるでしょう。**

　メールに難しい言葉はいりません。相手が理解しやすい、やさしい言葉を使います。丁寧語をベースとして尊敬語や謙譲語を織り交ぜ、適切な距離感を表現しましょう。

●敬語の種類

---

1. 尊敬語「いらっしゃる・おっしゃる」型
2. 謙譲語Ⅰ「伺う・申し上げる」型
3. 謙譲語Ⅱ（丁重語）「参る・申す」型
4. 丁寧語「です・ます」型
5. 美化語「お酒・お料理」型

※文化庁「敬語の指針」より

　語尾に「です」「ます」をつける丁寧語は敬語の１つなので、尊敬語や謙譲語に迷うときは丁寧語で書けば十分です。社会人たるもの、尊敬語や謙譲語を正しく使うべきである。そういう意見もあるでしょうが、**敬語を正しく使うこと以前に「正しく伝わること」や「相手に不快感を抱かせないこと」のほうが重要です。**丁寧語で書いているからといって失礼にはなりません。まずは伝わることをゴールに考えましょう。

「お忙しいところ大変恐縮ではございますが」は必要ですか

　「お忙しいところ大変恐縮ではございますが」というのは、いわゆるクッション言葉です。クッション言葉は、直接的なものの言い方をやわらげるために、前に添えます。**クッション言葉があると相手への配慮を示せますが、過剰であったり場に合っていなかったりすると逆効果です。**読みにくくなる原因にもなります。

　こちらは忙しくないときに「お忙しいところ」と書かれると、他意はないだろうけれど気まずさを覚えるかもしれません。迷惑をかけるわけでもない内容で「大変恐縮」と書いてあると、他人行儀だと感じるかもしれません。配慮のつもりが、余計な一言で仕事の進行を妨げることになれば本末転倒です。

　仕事だから「お忙しいところ大変恐縮ではございますが」と書くべきだというものではありません。相手が忙しいと事前に知っていて「お忙しいところ」と書くのは状況に合った一言になるでしょう。ただし、相手が常に忙しいとわかっている場合、毎回「お忙しいところ」と書くのは過剰です。普段よりもっと忙しくなったときに使う言葉がありません。**相手に面倒をかけるようなことを言うときの前置きとして使う「お手数ですが」などと使い分けられると上級者です。**

　「大変恐縮」という言葉も同様です。「恐縮ですが」は、こちらの都合で相手に負担をかけて、申し訳なく思う気持ちを伝えるときに使う言葉です。普段から恐縮していると、さらに恐縮しなくてはいけない場面で使う言葉がなくなります。

　『三省堂国語辞典（第八版）』によると「恐縮」は「はずかしさ・申し訳なさなどで、からだが縮まるように感じる（こと/ようす）」を意味します。この場面に合ったときに「恐縮」という言葉を使うべきです。

　たとえば、**メールを送り忘れていて、いまから急な対応をお願いする場合や、資料に不備があって追加の作業をお願いする場合などは、恥ずかしさや申し訳なさを感じるため「恐縮」という言葉が合っているでしょう。**こちらが「申し訳ない」と思うことでも、相手は通常業務として行っていることに「恐縮」するのは違和感があります。事務の担当者に対して「大変恐縮ですが、コピー用紙の発注をお願いします」と書いたら、当然違和感を与えるでしょう。

　普段よく使われるクッション言葉には、次のようなものがあります。意味を理解して、場面に応じて使い分けましょう。

●クッション言葉の例

お手数ですが / 大変お手数ですが / お手数をおかけしますが
差し支えなければ
恐れ入りますが / 恐縮ですが / 大変恐縮ですが
勝手申し上げますが / 私ごとで恐縮ですが
ご多忙中とは存じますが / ご面倒をおかけいたしますが
申し訳ございませんが / 大変申し訳ございませんが
お忙しいところ申し訳ございませんが
残念ですが

「メールが丁寧すぎだ」と言われますが、改善策はありますか

　メールが丁寧であることは、決して悪いことではありません。丁寧さは配慮や気遣いの表れだからです。配慮を示すことによって、尊敬や感謝を表すことができます。仕事を円滑に進めるためにも、丁寧なメールを書く意味があります。

　ただし、**丁寧さは、相手の求めている度合いを超えれば、不要なものになります**。度が過ぎると指摘をされるなら、何かしらの改善が必要です。相手が「メールが丁寧すぎる」と指摘してきたのは、次の理由が考えられます。

①文字量が増えるため読みにくいと感じている
②過剰な配慮が不自然で不快感を覚えている
③メールに時間をかけるなら別の仕事をやってほしいと思っている
④丁寧さは非効率だから不要だと考えている

　指摘の背景を想像すると対策も考えやすくなります。それぞれ順番に見ていきましょう。

　文字量が増えるため読みにくいと感じさせているなら、文字量

を減らしてシンプルな言い回しをすること。「こちらの都合で大変恐縮ではございますが、何卒ご対応いただきますよう謹んでお願い申し上げます」も「大変お手数ですが、ご対応のほどよろしくお願いいたします」と書き換えればすっきりします。

　過剰な配慮が不自然で不快感を与えるのは、場面に合っていない言い回しが原因です。どんなに丁寧な表現でも、場面に合っていなければわざとらしさを含み、不快にさせる危険があると心得ましょう。

　メールに時間をかけるなら別の仕事をやってほしいと思われるのは、部下が、上司の求める時間や質を理解していません。スピード化に取り組む必要があります。過剰な丁寧さがなくなると、言葉は減り、当然、入力時間も減ります。言い回しがシンプルになるため、文章を考える時間を減らすことにもつながります。

　丁寧さは非効率だから不要だと考えるかは、仕事に向き合う姿勢によります。「メールに丁寧さは不要だ」と考えている相手には、過剰でなくても、普通の丁寧さでも嫌がられることがあります。求めていないとわかっている相手には丁寧さを極力排除するなど、バランスをとりましょう。丁寧すぎると感じる程度には個人差があります。好みもあるでしょう。

　わからないときは、具体的にどのような点が丁寧すぎるのかを確認したうえで、改善することも必要です。

「させていただきます」を
使いすぎないように
したいです

　「させていただく」は使い勝手がいい言葉のため、丁寧さを示すために、ついつい多用してしまうことがあります。「させていただく」というのは本来、相手に許可をもらって何かを行い、恩恵を受けるときに使う、という意見もあります。しかし、言葉というのは時代に応じて変わるもの。『三省堂国語辞典（第八版）』によると次のような説明があります。

> ①許しをもらってするときの、けんそんした言い方
> ②許しをもらってするかのように、自分の行為をけんそんする言い方
> ③思いどおりにするとき、うわべだけ礼儀を示した言い方

　許可をとって行い、恩恵を受けるとき以外に使っても間違いというわけではないようです。上記②によれば「中止させていただきます」「運行を停止させていただきます」のような言葉も不適切とはいえないのです。**「させていただく」という言葉は使える場面が増えた結果、使いすぎてしまい、文章のリズムを壊してしまうことがあります。**たとえば、次のような文章はどうでしょうか。

> こちらで確認させていただき、連絡させていただきます。

　1つの文の中に「させていただく」が2つ以上あると過剰に感じる人もいるでしょう。「させていただく」が多いと感じたときは省略するか、「いたします」にするなど調整します。

> こちらで確認し、連絡させていただきます。

> こちらで確認させていただき、連絡いたします。

　「こちらで確認させていただき、連絡させていただきます」という文は、1文の中に「確認する」と「連絡する」の2つの動作が入っていますが、相手に許可をとって行うことではありません。書き手が勝手にする動作なので「確認して、連絡します」と書いても失礼ではないでしょう。**謙遜の意味を添えるならば、相手あっての動作となる「連絡」につけるのが適当だといえます。**「こちらで確認させていただき、連絡いたします」よりは「こちらで確認し、連絡させていただきます」のほうが、より自然な感じがします。

　1文に「させていただく」は1つまでとしましょう。1つのメールに「させていただく」が何個も出てくると過剰な印象を与え、読みにくくもなります。「連絡します」「連絡いたします」「ご連絡します」「ご連絡いたします」などを使い分ければ、過剰な丁寧さを軽減することができます。**「させていただく」をどこに入れると効果的なのかを考えると、違和感を与えない箇所が見えてきます。**

ビジネスメールで
「取り急ぎ」は
使わないほうがいいですか

　「取り急ぎ」とは、ほかに優先して急いで対応する様子を表す言葉です。**「取り急ぎご連絡まで」**などの形で、十分に誠意を尽くせていないかもしれないなど申し訳ない気持ちを込めるときに使います。

　そうした意味とは関係なしに、仕事では「取り急ぎ」と添えるのがマナーだと考える人もいるようです。**言葉は場面に合った使い方をするのが正解です。**「取り急ぎ」という言葉に合った場面であれば使ったほうがいいし、場面に合ってなければ使わないほうがよいのです。

● 「取り急ぎ」の例

取り急ぎメールをお送りしました。
取り急ぎお礼まで。
取り急ぎメールにて失礼いたします。
取り急ぎお知らせします。
取り急ぎ対応いたしました。

「取り急ぎ」という言葉から「急いでいる」のは伝わります。「取り急ぎメールをお送りしました」と書いてあると、本来ならば丁寧に対応しなくてはいけないけれど、急いで伝えたかったのでメールを送りました。そのようなニュアンスを汲むことができます。

「取り急ぎメールにて失礼いたします」と書いてあると「別の機会に正式な連絡がある」と思う人もいます。「取り急ぎ」はただの決まり文句だと何ら意味を読み取らない人もいます。

つまり「取り急ぎ」という言葉を、どう解釈するかは読み手しだいです。忙しそうに見えたり、別途連絡があると考えたり、意味のない言葉だと思ったり、1つの言葉からさまざまな意味がつけられます。**その意味が、書き手の意図したものと異なれば誤解が生まれます。**

「取り急ぎ」と書いて、相手がどう理解するかわからないときは、使わないほうが無難です。そもそも、差し迫った状況でないなら取り急ぎと書かず、正式な連絡として丁寧にメールでお礼を伝えれば誤解は生まれません。

メールの最後に「取り急ぎ」を書くのが習慣になっている人は注意が必要です。**その「取り急ぎ」は場面に合っていますか。**締めの挨拶の「取り急ぎ」は「よろしくお願いいたします」で十分なことが多いでしょう。

「取り急ぎ」を使うと「この人はいつも忙しそう」「せっかちだ」という印象を与えます。忙しいことをわかってほしかったとしても、同時に雑な印象を与えることはデメリットにもなります。忙しいことをわかってもらうより、仕事を丁寧に行っている、メールを丁寧に扱っているという印象を与えるほうが先です。

メールに期日を書いても失礼になりませんか

　メールに期日を書くことは、失礼ではありません。「お手すきの際に、ご確認ください」と書いてあったので、メールを受信してから3日後に返信したところ「期限を越えてしまったので、すでに進めています」と返されたら、どうでしょうか。「期限があるなら、事前に伝えるべきではないか」「なぜ、もっと早く言ってくれなかったんだ」と怒りの気持ちがわくのも無理はありません。**返信期限があるならば、必ず伝えるべきです。ただし、伝え方を誤ると失礼になるので、注意が必要です。**

　もちろん、何でもかんでも期限を設定すればいいというわけではありません。必要な期限であっても、その設定を間違えるとトラブルを生み出すことにもなりかねません。

　相手を怒らせる期限の設定には、次のようなものがあります。

①期限が急すぎる
②軽いメールにまで期限を設定している

　たとえば、メールを9時に送って「10時までに対応をお願いします」と書けば、相手は「急すぎる」と思うことは確実に予測で

きます。最近では、同僚であっても、同じオフィス内ではなくテレワークなどで離れて働いていることが増えました。働く時間帯をずらしているケースもあります。在宅で研修を受けているため、勤務時間内だけれどメールを数時間見られない可能性もあります。相手が目の前にいないので、いま何をしているのかわからないということも多いでしょう。

そんな状況にあって「メールを送ってから1時間以内に対応してほしい」と依頼するのは間違っています。**急な依頼をするのであれば、事前に電話やチャットで打診してスケジュールを空けてもらうなど、できる配慮をすべきです。**依頼するときは、その作業にどのくらいの時間がかかるかを予測して、余裕を持って伝えなければなりません。そうしないと、急すぎて相手に負担を強いることになります。

日常のメールは、ちょっとした確認や依頼が多数を占めています。それら全てに期限を設定したら、管理されている、信頼されていないと感じさせてスムーズな対応にはつながりません。**ちょっとした確認や依頼には「いつまでに対応するのが通常である」という共通の認識があるものです。そのようなメールには期限を書かず、相手に委ねたほうがよいでしょう。**

一般社団法人日本ビジネスメール協会が行った「ビジネスメール実態調査2022」によると、1日に1回以上メールをチェックする人は99.47%にもなります。つまり、簡単なメールは24時間以内に返信がくると考えられます。もし、返信がこないなら、見ているけれど無視している、後回しにしている可能性があります。

「？」は使っても
いいのでしょうか

　疑問符・クエスチョンマーク（？）は便利な記号です。これをつけるだけで、疑問を表すことができます。ただし、**メールで使うには、ややフランクな印象があることも理解しておきたいです**。

　日本語は「？」をつけなくても疑問形で書けば疑問だとわかるため、使わなくて済むならば、使わないほうが無難だといえます。使うならば、どのような印象に映るのかを考えて、相手に応じて使い分けるべきでしょう。

　たとえば、次の2つの文章を比べると、どのような印象を受けますか。自分が質問を受ける立場として考えてください。

何日までに提出したらよいでしょうか。
何日までに提出したらよいでしょうか？

　「？」がついていないほうが堅実な印象です。一方で「？」がついていると見た瞬間に質問だとわかり、強調されます。格式ばらない気軽さから距離の近さも感じるでしょうか。

　では、次のように全ての質問に「？」をつけたら、どのような印象になるでしょう。

予算はいくらですか？
納期はいつまでですか？
デザインのイメージはありますか？

　こうして複数並べると、ちょっとしつこい印象があります。**人によっては、詰問されていると感じるかもしれません**。質問であることはわかるけれど、過剰な印象です。このような場合は「？」を1つだけ使い、箇条書きにしてバランスをとります。

次の3点について、ご希望をお知らせいただけませんか？

1. 予算額
2. 納期
3. デザインイメージ

　箇条書きにすることで、3点の質問内容が際立ちます。どうしても文章で聞かなくてはいけない場合は「次の3点についてお答えください」のように前置きした後、番号を振るなどして、質問を列挙します。

セミナーの参加に当たって、次の3点についてお答えください。

1. 途中退室は可能ですか
2. 当日、回線不良で接続できなかった場合の対応策はありますか
3. 配布資料は何日前に届く予定ですか

「ご確認のほど」の「ほど」は、どんなときに使いますか

　「○○のほど」の「ほど」は、遠回しに言いたいとき、ストレートすぎる言い方を避けるときに使います。たとえば、ビジネスシーンでは次のようなフレーズで見かけることがあるでしょう。

● 「ほど」の例

ご確認のほどお願いいたします。
ご対応のほどお願いいたします。
ご検討のほどお願い申し上げます。

　「○○のほど〜〜」は「○○」に入る言葉の示す範囲をぼんやりとさせ、断定や直接的な表現を避けて、相手に何かしらのアクションを求めるときに使います。**メールでは相手に念を押すような場面で登場するフレーズです。**強い言葉で念を押すと、相手を信用していない、要求を押しつけているように映ることがあります。「ご検討ください」だと表現がストレートなのも「ご検討のほどお願いいたします」とすれば、やわらかくなります。

　「ほど」をつけるときは、やわらかく書きたいときです。一

方、フォーマルな印象を与えるために、かたく書いたほうがいいとき、婉曲的だとわかりにくくなるから直接的な表現を使ったほうがいいときなどは「ほど」の出番ではありません。

　たとえば、検討をうながすフレーズも、次のようなバリエーションが考えられます。

●検討をうながす例

ご検討ください。
ご検討をお願いいたします。
ご検討のほどお願いいたします。
ご検討のほどお願い申し上げます。
ご検討いただけないでしょうか。
ご検討いただければ幸いです。

　何かの検討を求められているとして、どのフレーズが一番強い意志を感じますか。丁寧だから受け入れてもらえるわけでもありません。時と場合によっては、強い意志を感じさせる言葉や、有無を言わせないような言い回しが有効になります。

　この例だと「ご検討ください」が最も強く求められているように感じるでしょう。さらに強く求めるなら「ご決断ください」のように一段上の言葉もあります。

　「ほど」は便利ですが、機械的に使うものではありません。**人は、丁寧な言葉で言われたから動くのではなく、場面に合った言葉だから動くのです。**

より伝わりやすい言葉の選び方を教えてください

　メールは、目の前に相手がいないコミュニケーションです。対面ならば表情から、電話ならば声の調子から、相手に伝わっているかどうかわかることは多いでしょう。しかし、**メールにはそうした手がかりがないので、伝わっていない可能性があるという前提に立つべきです**。もちろん、伝わっていない可能性はメールに限りませんが、メールは読み手が「伝わっていない」と教えてくれないと、書き手が知る術はありません。

　読み手は、ある程度推測してストーリーを作り、理解します。その推測が書き手の意図と異なれば、コミュニケーションはうまくいきません。

　たとえば「アサイン」とは「割り当てること、割り振ること」を意味しますが、読み手が「人を選ぶこと」だと解釈していたら食い違う可能性があります。「この仕事をアサインしておいてください」と指示されたら、人選だけでなく、依頼するまでを任されています。適当な人を選ぶだけでは足りません。

　より伝わりやすい言葉とは、解釈の相違がない言葉のことです。難しい表現ではなく、誰にとってもわかりやすい言い回しをしましょう。「この仕事ができる人を見つけて依頼してください」

と書けば防げることでした。

読み手が動いてくれないので「伝わらない」と考えているかもしれませんが、意図が伝わっていないのと、伝わっているけれど動いてもらえないのは、大きな差があります。

意図が伝わっていないなら、わかりやすい説明ができていません。**書く内容や言い回しを見直しましょう。**

人は知らない言葉に遭遇したら、知識や経験をもとに理解しようとします。「アサイン」「アジェンダ」「コンセンサス」などの言葉は一種の方言のようなものです。意味や定義を理解している集団の中では、使うことによってコミュニケーションは円滑になるでしょう。一方、他社や異業種の人に使うのは注意が必要です。普段、方言を使っている人も、ほかの地域の人と話すときは標準語（共通語）を使うことがあるでしょう。方言は、一地方でしか伝わらないかもしれないと考えるのが妥当です。

自分はわかっても、相手にわからない言葉では伝わらないのも当然です。言葉は相手のことを考えて選びます。

問題なのが、読み手が書き手に求められていることを理解したうえで動いていない段階です。2つの可能性を考えます。

1つ目は「いま動かなくていい」と解釈している場合です。書き手は「いま動いてほしい」と意図しているわけなので、互いの解釈に隔たりがあります。**意図を正確に伝えるためには、期限を切る、理由を添えるといった工夫が必要です。**

2つ目は、いま動くことを求められているのはわかっていて、意図的に無視している、わざと後回しにしている場合です。伝え方以前の問題が潜んでいます。**普段のコミュニケーションから見直す必要があるでしょう。**

読みやすいメールの
書き方を教えてください

　相手がすらすらと読めるようにするには、簡潔に書くのが一番です。要点を押さえて、簡単な言葉を使い、短く書きます。
　簡潔に書くためのポイントは次の3つです。

①1文を短くする
②箇条書きにする
③無駄な情報を省く

　ここでは箇条書きについて見ていきましょう。メモをとるとき、文章で書くよりは、箇条書きにする人が多いでしょう。**箇条書きは、1つ1つの項目を改行して書き並べることで、無駄な情報を省き、理解をうながします。**文章よりは箇条書きのほうが、要点を捉えやすくなるのです。
　「メールは箇条書きだけにするべき」という声もあるようです。極論すれば情報伝達の観点では十分かもしれませんが、コミュニケーションの観点では唐突で不躾な印象を与えるでしょう。
　たとえば、次のような箇条書きでも情報は伝わりますが、読み手は気持ちよく動けるでしょうか。

- ２時間分の研修資料を作成してほしい
- 目的は社員のメール基礎力の向上
- ５月10日（水）まで

　このような書き方をしても違和感を持たずに対応してくれるのは、普段からコミュニケーションがとれていて関係が良好な場合や、箇条書きで依頼するという前提があるときくらいでしょう。

　箇条書きにすると情報が項目別に整理され、手短に表現できるという利点はありますが、箇条書きだけだと愛想や配慮に欠けます。**メールはコミュニケーション手段である以上、情報を受け取ってもらい、動いてもらわなければならないので、箇条書きだけでは不十分です。**箇条書きにして、前後を丁寧に書くのをセットにしましょう。上記の箇条書きの前後に文章を追加して整えると、次のようになります。

以下の内容で研修資料の作成をお願いいたします。

◎研修目的：社員のメール基礎力の向上
◎研修時間：２時間
◎提出期限：５月10日（水）まで

よろしくお願いいたします。

　メールを書くときは、箇条書きにできるところはないかを考えます。**箇条書きにするのはテーマに合った並列の要素です。**日時、場所、目的、内容、提出先、期限など規則性を持たせてまとめます。

メールを書くときに適切な フォントの種類やサイズは ありますか

　メールの初期設定（デフォルト）がHTML形式になっている ケースは多いでしょう。HTML形式ではメールの作成画面で、 フォントの種類、フォントサイズ、太字、色などが選択できま す。選択肢があるから、いじらずそのままでいいのか、何か選ん だほうがいいのかと迷う人もいるようです。

　文字のサイズは、小さすぎても大きすぎても読みにくいもので す。フォントの種類も、等幅フォントがいいのか、プロポーショ ナルフォントがいいのか迷うでしょう。自分の返事を強調するた めに色をつけたり、見出しを太字にして見た目を整えたり、装飾 にはたくさんの選択肢があります。

　結論から言うと、悩むならテキスト形式が一番です。テキスト 形式は、フォントのデータを含まず、単純に文字だけのデータで 構成されています。テキスト形式のメールを送ったら、受信者の メールソフトで設定されている文字サイズなどで表示されます。

　たとえば、Gmailなどのメールアプリはブラウザで利用するた め、フォントサイズや種類はブラウザで設定ができます。フォン トサイズは極小（9ポイント）、小（12ポイント）、中（推奨：16 ポイント）、大（20ポイント）、極大（24ポイント）から選択で

きます。もちろん、10ポイントや13ポイントなども設定できます。小さな文字が見えにくい人は、大サイズなどを利用している可能性があります。人によっては、標準よりちょっと小さ目を好むかもしれません。どのような環境でメールを見ているかわからないからこそ、書き手側で強制的に指定するのではなく、読み手が設定しているフォントサイズが反映されるようにしたほうが親切だといえます。

　Gmailで表示されるフォントのサイズや種類を変更したい場合は、ブラウザ上の設定でフォントサイズを変更します。

●フォントの変更画面（Google Chromeの例）

※設定から
　デザイン
　を選択→

　理由があってHTML形式を使っている場合、フォントサイズはGmailのブラウザの推奨（16ポイント）に設定しておくと無難でしょう。多くの検証から導き出された数字でしょうから、その数字を参考にします。

HTML形式で装飾して
メールを見やすく
するべきですか

　メールを見やすくするためにHTML形式を使うのは、あまりお勧めしません。その理由は2つあります。

①選択肢が多いためセンスが要求される
②作成に時間がかかる

　HTML形式のメールは、Microsoft Wordなどで作成した書類のようにフォントを変える、太字にする、大きさを変える、色をつける、下線を引く、図版を挿入するなど、いろいろなことができます。さまざまな装飾ができますが、デザインセンスが必要です。

　ウェブサイトで読みにくいページと読みやすいページがあるように、メールも規則性があるかどうか、読み手に対する配慮があるかどうかが鍵になります。たとえば「ポジティブな情報を青い文字で、ネガティブな情報を赤い文字で書く」というルールで作成したらどうでしょうか。あるいは「期限は赤字にして下線を引く」としたらどうでしょうか。

　受け取った側からするとルールの意味がわからず、装飾を見

て、高圧的に感じたり、嫌みに感じたりするかもしれません。**期限を守る人からしたら、赤い文字での強調は、明らかに不快になるでしょう。**

　ウェブサイトがページごとに違う規則性だと読みにくいのと同じで、**Aさんからくるメールが日によって規則性が異なっていたら、混乱する可能性があります。**

　HTML形式で装飾するときは、過度にならないようにしましょう。装飾が度を超えれば、見やすさからは遠のきます。逆効果にしかなりません。それに、**相手がテキスト形式で見ていたら、装飾は再現されず、装飾に込めた意図は伝わりません。**「私の回答は赤で書きました」と書いても、テキスト形式で見ている相手には黒い文字で見えています。「赤ってどこのこと？」となるでしょう。わかりやすくしたつもりが、かえってわかりにくくなっている可能性があるのです。テキスト形式でやりとりをしたい人にとって、HTML形式のメールは煩わしく感じることもあります。

　2つ目の理由にあげたとおり、「時間がかかる」というのもHTML形式を避けたほうがいい点です。色をつけたり、線を引いたり、太字にしたり、装飾するにどのくらいの時間がかかるでしょう。

　文章を書くのに時間をかけて、装飾にも時間をかけて、結局30分以上かかってしまうなんてことになるくらいなら、**装飾に頼らず、文字だけで伝えられるようになったほうが作成スピードは上がります。**テキスト形式では、記号や罫線を組み合わせて見え方の工夫ができます。**選択肢が少ないからこそ、規則性を持たせやすく、パターン処理もしやすくなります。**

読点をどこに打ったら
読みやすくなりますか

　読点（、）は、文の中の言葉の切れ目に打つ点です。句点（。）は、文の最後に打つ点です。1文が長いと言葉の区切りがわかりにくくなるので、読点があると読みやすさや、わかりやすさが生まれます。1文が長くなればなるほど、どの言葉がどの言葉を修飾しているのか、わからなくなります。文の構造がわかりにくくなるため、読むのに時間がかかったり、誤読をしたりするおそれがあります。

　1文は50文字程度に収めるようにしましょう。接続助詞でつなぐと文は長くなります。よく見かけるのが「〜が」「〜ので」でしょう。「が」は逆接でも順接でも使えるため使い勝手がよく、多用される傾向があります。

　次の文を見てください。

> 先ほど確認のために来週の金曜日に開催する研修の配布資料をメールで送りましたがその資料に誤字があったためファイルを再送しますのでお受け取りください。

　意図的に読点を省いているため非常に読みにくいと感じるはず

です。1文が長いと、文章の意味をつかむのが難しくなります。

　では、読みやすくするための読点は、どこに打つべきなのでしょうか。**まずは、接続助詞の箇所に読点を打ってみましょう。**それだけで格段に読みやすくなります。

　しかし、接続助詞の後に読点を打つと、文章が長くなる傾向があります。「〜が」や「〜ので」でつないで長くなっているときは、文を分けて、語尾を整えてもよいでしょう。先ほどの例では次のように分けることができます。

> 先ほど確認のために来週の金曜日に開催する研修の配布資料をメールで送りました。その資料に誤字があったためファイルを再送します。お受け取りください。

　さらに、読点を打って読みやすくします。読点は、息継ぎをするようなタイミングで打ってもいいですし、接続詞や主語を目立たせるために打ってもよいでしょう。言葉の係り受けをわかりやすくするために打つこともあります。

> 先ほど、確認のために来週の金曜日に開催する研修の配布資料をメールで送りました。その資料に誤字があったため、ファイルを再送します。お受け取りください。

　長い文は2つ以上に分けて語尾を整え、読点を打つ。この順番で改善しましょう。文が短いほうが読点を打つ箇所は少なく「どこに打てばいいんだろう」と迷うことも減るので打つ量を調整しやすくなります。

メールは改行するべきですか。改行のルールはありますか

　メールの文章は、**改行したほうがいいか、改行しないほうがいいか、悩むくらいなら改行しましょう**。相手がメールを読んでいるのは、携帯電話（ガラケー）か、スマートフォンか、パソコンか、判断がつくなら合わせてもよいでしょう。

　しかし、相手が何でメールを読んでいるのか予想しても、外れるかもしれません。仮にスマートフォンだとわかっていても、表示する文字サイズは受信者側で調整しているため、送信者がレイアウトに配慮しても同じように見えているとは限りません。こうなると相手の環境に寄り添った対応は難しいといえます。それであれば、相手が何を使っていても読みやすくなるようにすべきです。

　著者が試したところ、**改行ありのメールと改行なしのメールを見比べると、改行ありのメールのほうが、どれでも見やすいと感じました**。スマートフォンは改行があってもなくても、どちらでも読みやすいですが、パソコンは改行がないと文字が横にずらっと並んで読みにくいと感じます。

　では、何文字で改行するのが適切でしょうか。**多くのメールは20〜30文字程度で改行されています**。中にはスマートフォンを

意識してか10〜15文字程度で改行されているものもあります
が、パソコンで見ると改行のタイミングが早くて、かえって読み
にくく感じてしまいます。

　次の文章を見てください。画面サイズ（全角40文字）で自動
的に折り返されています。

```
----------------10--------------20--------------30--------------40
先ほど、確認のために来週の金曜日に開催する研修の配布資料をメールで送りました。そ
の資料に誤字があったため、ファイルを再送します。お受け取りください。
```

　改行がないと書きなぐっているような印象です。これを文節や
句読点を意識して20〜30文字程度のタイミングで折り返すと、
次のようになります。

```
----------------10--------------20--------------30--------------40
先ほど、確認のために来週の金曜日に開催する
研修の配布資料をメールで送りました。
その資料に誤字があったため、ファイルを再送します。
お受け取りください。
```

　格段に読みやすくなりました。改行のルールとしては、**句点
（。）がきたら原則改行して、1文が30文字以内なら、文の途中
で改行はしなくてもよいでしょう。30文字を超えるときは、文
節や読点（、）など区切りのいいところで改行します。**文の途中
で改行するとき、単語が2行にまたがらないように注意します。
**文を改行して2行になり、上行と下行の文字数の差があって読み
にくいときは、言い回しを変えるなどして調整しましょう。**

読みやすいメールの
レイアウトについて
教えてください

　メールを改善するなら、まずは読みやすさから。次に文章です。メールを開封して本文が視界に入った瞬間に「読みにくそう」と思われると、先入観から後回しにされたり、悪い印象を持たれたりして、円滑なコミュニケーションを損なうなど、読む以前の問題が発生します。

　メールは書いて伝えるコミュニケーション手段なので、改善というと文章力を高めることに目が向きますが、見た目から「読みやすそう」あるいは「読みたい」や「処理しやすそう」、さらには「処理したい」と思ってもらうことが何よりも必要です。

　文字が詰まっているメールは、見るからに重たそうな印象を与えて「読みにくそう」から「難しそう」、さらには「面倒くさそう」というマイナスの感情を生み出します。メールを読み進めてもらうために「読みやすそう」「読みたい」と感じ取ってもらうには、メールの本文に空間が必要です。本文に文字が詰まっているよりは、余裕のある空間があると軽さが出ます。そうした空間を作るのが行間と改行です。

　次のページにある2つのメールは、書いてある内容は同じですが、見た目の印象は異なります。行間と改行を使ってメールに空

白があると、一気に読みやすくなります。

　人の目は、空白と空白で挟まれたかたまりごとに「ここは挨拶と名乗りだ」「ここが重要だ」「ここは締めの挨拶だ」と認知します。ただし、1文ごとに行間を入れるのは過剰です。**関連するものを近づけて、意味のかたまりごとに行間を入れると見やすいレイアウトになります。**

●読みにくいメールの例　※署名欄省略

山田太郎様
お世話になっております。一般社団法人日本ビジネスメール協会の平野友朗です。『ビジネスメール実態調査2023』についてご連絡します。このたび、以下の内容で調査を行います。
◎調査目的：仕事におけるメールの利用実態と課題を把握
◎調査対象：仕事でメールを使っている人
◎調査期間：2023年4月1日から2023年4月30日
◎調査方法：インターネット回答方式
10分程度で終わる簡単な調査です。
https://businessmail.or.jp/research2023/
お手数ですが、専用ページよりご回答いただければ幸いです。
皆さまのご協力をお願い申し上げます。

●読みやすいメールの例　※署名欄省略

山田太郎様

お世話になっております。
一般社団法人日本ビジネスメール協会の平野友朗です。

『ビジネスメール実態調査2023』についてご連絡します。

このたび、以下の内容で調査を行います。

◎調査目的：仕事におけるメールの利用実態と課題を把握
◎調査対象：仕事でメールを使っている人
◎調査期間：2023年4月1日から2023年4月30日
◎調査方法：インターネット回答方式

10分程度で終わる簡単な調査です。
https://businessmail.or.jp/research2023/

お手数ですが、専用ページよりご回答いただければ幸いです。

皆さまのご協力をお願い申し上げます。

見やすくするために「━」などを使うといいですか

箇条書きにしたり、空白をうまく使ったりすることで、メールを見やすくすることができます。それでも、長文メールになると全体の構造がわかりにくくなり、手探りで読み進めることになります。**そこで活用したいのが罫線や記号です**。ここでは罫線（━）について見ていきましょう。**罫線は「けいせん」と入力して変換すると、変換候補に表示されます**。この線で見出しを作ったり、メールを区切ったりします。

ちなみに「けいせん」で変換すると「┗━┣┳┃┓┏┛╋」など、複数の罫線が出てきます。これらを駆使すると表組みが作れそうですが、そのような使い方は避けたほうがよいでしょう。**相手が設定しているフォントによって、表示のされ方が異なります**。場合によっては、崩れてしまうことがあるので注意が必要です。

```
商品名┃数量┃金額          商品名┃数量┃金額
━━━╋━━╋━━━          ━━━━╋━━━╋━━━━
りんご┃　2┃100円         りんご┃  2 ┃ 100円
━━━╋━━╋━━━          ━━━━╋━━━╋━━━━
ばなな┃　3┃150円         ばなな┃  3 ┃ 150円
```

　プロポーショナルフォントの場合は前ページの例の左のように表示され、等幅フォントの場合は右のように表示されます。

　メールで使える罫線は、これだけではありません。半角のイコール（=）やマイナス（-）なども、よく使われています。たとえば、これらの記号を使って見出しを作ったら、どのように見えるでしょうか。

――――――――	============	------------------------
お申し込み方法	お申し込み方法	お申し込み方法
――――――――	============	------------------------

　一番目立つのは「―」です。一方で「=」と「-」は似たような印象です。このような受け取る印象の違いから、**メールを構造化して、大見出しを入れたいときは「―」を使う、中見出しや小見出しを入れるときは「=」「-」を使うというように、規則性を持たせると見た目にもわかりやすくなります。**

　たとえば「講座詳細」など全体のテーマを示す要素は大見出しで表示して「申し込みの注意事項」「当日の参加方法」「キャンセルについて」といった要素は中見出しや小見出しとしてまとめると、メールが構造化されて読みやすくなります。

　見出しで使う罫線の種類が3つしかないならば、メールを書くときに悩むことも減るでしょう。**メールは、箇条書きと罫線を組み合わせることで、格段に読みやすい構造にすることができます。**

読みやすくするために
使うべき記号は
なんですか

　記号を使うことにより、その場所に目を留めやすくなります。箇条書きや各項目の見出しで記号を使うことによって、メールを読みやすく、理解しやすくすることができます。まずは、メールでよく使われている記号を確認しましょう。

●記号の例

四角	■□◆◇
三角	▲△▼▽
丸	●○◎
星	★☆
その他	・(中点・中黒)、※ (米印)

　■●など黒く塗られている記号は目につきやすく、比較的強い印象を与えます。**強調したい場所に使うのはよいですが、箇条書きの中分類や小分類に使うのには不向きだといえます。**
　▼は方向を指し示す意味もあるため、使い方に注意します。たとえば「▲お申し込みはこちら▲」と書いた下に申し込み先URLを書くのは違和感があります。下に書くなら「▼お申し込みはこちら▼」としたほうが自然です。あるいは「■お申し込み

「はこちら」と記載した下に申し込み先 URL を書くのでもよいでしょう。

　星（★☆）はキラキラした見た目から少し軽い印象を与えます。**使うならば、注意事項など一部の利用に留めましょう。**

　そう考えると、メールで使いやすい記号は、四角（■□◆◇）、丸（●○◎）、中点・中黒（・）、米印（※）くらいです。

　それらを組み合わせて箇条書きをレイアウトすると、次のようになります。

■研修概要
・日時　2023 年 5 月 10 日（水）13 時〜 16 時（3 時間）
・形式　オンライン（Zoom 使用）
・対象　若手社員（3 年目まで）
・内容　ビジネスメール研修
・目的　社員のメール基礎力の向上
※テキストは前日までに配布予定

　「■」は見出し、「・」は各項目、「※」は注意事項や補足説明など備考というように、記号の使い方にルールがあると箇条書きがしやすくなります。**この「■」と「・」が逆になっていると、各項目が見出しよりも目立って非常に読みにくくなります。**各項目の後の全角スペースは、半角スペースでも問題がありません。コロン（：）を使ってつないでもよいでしょう。

　各項目の文字数が異なる場合、文字の幅をそろえるために言葉の間や後にスペースを入れたくなるかもしれません。しかし、**相手が表示するフォントによってレイアウトが崩れます。**スペースを入れて文字幅を調整するのは避けたほうがよいでしょう。

箇条書きの上手な使い方を教えてください

　箇条書きにすると情報が整理できて、わかりやすくなります。**文字量を減らすことができるため、書き手も読み手も時間短縮につながります。しかも、情報が構造化されるので、理解も促進されます。**箇条書きにしやすいケースは、次の2つです。

①時系列で書きたいとき
②並列の情報（文章・単語）を並べたいとき

　たとえば、メールを書く手順を文章で示したとします。次のように文章（左）で示すのと箇条書き（右）で示すのでは、どちらのほうが読みやすいでしょうか。明らかに右でしょう。

まずメールのソフトを起動して、新規のメールを開きます。次に宛先にアドレスを入れて、件名をつけて、本文を書きます。ファイルがあれば添付して、最後に推敲して送信ボタンを押します。	■メール作成の手順 1. メールソフトを起動する 2. 新規のメールを開く 3. 宛先にアドレスを入れる 4. 件名をつけて、本文を書く 5. ファイルを添付する 6. 推敲して送信ボタンを押す

　箇条書きにするときは、文末を統一します。前ページの右の例は、動詞で統一しています。時系列で何をするのか、その動作に重きを置いているからです。これが、事柄を並べるならば、名詞で統一することになります。これらが混ざると、読んでいて理解しにくくなります。次の例を見てください。

> メール上達のポイントは次の2つです。
> (1) メールで使う語彙を増やすこと
> (2) メールの入力速度を上げる

　(1) の文末を「こと」で名詞化するなら、(2) も「入力速度を上げること」としたほうが、違和感はなくなります。あるいは「こと」を削除し、動詞でそろえて、(1) を「メールで使う語彙を増やす」としてもよいでしょう。
　「メール上達」「メールで」「メールの」と言葉の繰り返しもあります。メールのことについて書いているのはわかるので、「メールで」「メールの」は削除したほうが読みやすくなります。

> メール上達のポイントは次の2つです。
> (1) 使う語彙を増やす
> (2) 入力速度を上げる

　箇条書きにしなければ「メール上達のポイントは、使う語彙を増やすこと、入力速度を上げることの2つです」のように文章をつなげなくてはいけません。箇条書きに比べると、読みにくくて、わかりにくいと感じるのではないでしょうか。

第2章

やりとりの
基本を押さえる

コミュニケーションはキャッチボールに
たとえられます。テキストのみでのやりと
りとなるビジネスメールの特徴を理解
し、基本的な対応を身につけましょう。

メールのやりとりは
自分で終わらせたほうが
いいですか

　「メールのやりとりは自分で終わらせたほうがいい」とかたくなに信じている人がいるようですが、そのこだわりは無用です。自分と相手が同じ考えであれば、メールのラリーは永遠に続き、互いに疲弊します。**メールの最後に「今後ともよろしくお願いいたします」のフレーズが出てきたら、メールが終わった確率が高いと考えましょう。**

　メールを終わらせたつもりでも相手から「こちらこそ」と返事がくると終わらず、そこに対して「いえいえ、こちらこそ」と書けばエンドレスになってしまいます。「こちらこそ」も終了を示すワードです。**終了のサインは素直に受け止めて、最後は相手に譲りましょう。**

　スムーズなメールの終わり方を考えるにあたり、相手にとって「返事が必要なメール」と「返事が不要なメール」の違いを理解する必要があります。次の2つは返事が必要なメールです。

①**返事がないと仕事が進まない**
②**返事がないと安心できない**

　相談、確認、依頼などのメールは、返事がこないと仕事が進みません。**相手に判断や回答を委ねているので、その返事がない限りは進めることができないからです。**

　一方、報告、連絡、通達などのメールは返事がなくても進めることはできます。**相手には理解してもらえれば十分なことも多いからです。**このようなメールに「承知しました」とリアクションをするのは、実は問題があります。100人に連絡のメールを送って全員から「承知しました」と返信がきたら、なくてもいいメールが100通届くからです。**相手にメリットがないことはやめたほうがよいでしょう。**

　たとえば、上司が部下に企画書の作成を依頼したとします。部下は、そのメールを読んで、企画書を作成し、上司にメールで提出します。企画書を受け取った時点で、上司の要求は満たされています。しかし、上司が返信をしなければ、部下の立場からすると次のような疑問や不満が生まれます。

- 企画書は見てもらえたのか
- 企画書に不備はなかったのか
- 返信をもらっているけれど、こちらが見逃しているのか
- ちゃんと返事をしてくれないとは、進め方が下手なのか

　部下は「返事がないと安心できない」状況であり、軽視できません。**このように相手が不安や不快に思う可能性もあります。**返信が必要かどうかをしっかり判断して、メールの対応をしたいものです。

即レスは必要ですか

　メールの返事を早くすることで、仕事を停滞させない効果があります。返事をしない、あるいは返事が遅ければ、催促されることになります。催促されたら、待たせたことをお詫びしなければならず「どう書いたらいいんだろう」と文章に悩む可能性があります。そもそも、お詫びをすることで、こちらが不利になり、力関係が崩れるかもしれません。**まずは、お詫びをしなくてもいいような仕事の仕方を心がける必要があります。**

　期限ギリギリに対応しようとすると、やはり催促される可能性があります。不安感が強い相手は、当日になってリマインダーを送ってくるかもしれません。「今日が提出期限ですが、お忘れではありませんか」と書かれてカチンとくる人もいるでしょう。**とにかく期限を守って、素早い対応をすることが重要です。**

　ここで、メールの処理を最優先に、何よりも早く対応したほうがよいかは、業務内容にもよります。

　たとえば、読者の皆さんが人命に関わる仕事、止めてはいけないサービスの保守などに携わっている場合、**1分1秒を争う可能性があるので、メールを常にチェックし、すぐに返事をする必要があるかもしれません。**

　一方、緊急度の高い場合を除いて、通常の仕事でやりとりするメールは、そこまでの時間を争うようなものではありません。**数時間以内に返事をすれば十分だと考えるのが妥当です**。このように優先順位のつけ方は業務の内容や目的にもよります。

　次に、即レスについて考えてみましょう。即レスとは、メールを送ってから数分で返事が届くような状態のことです。たまたまタイミングが合って、素早い返信がきたということもあるでしょう。あるいは、メールにかじりついていて、常に即レスをモットーとしている、そんな人なのかもしれません。

　結論から言うと、即レスは不要です。素早い返信によって、仕事を停滞させない効果があります。しかし、**即レスを最優先にすると、いまやるべきことが後回しになる可能性があり、そのほうがリスクは高いからです**。

　いまやっている仕事に集中して、手が空いたらメールの処理をするのが基本姿勢です。手が空いてメールを処理したタイミングが、たまたま即レスになるのはまったく問題がありません。

　ただし、即レスが続くことによって、相手がプレッシャーに感じるかもしれないことは頭に入れておきましょう。あるいは「この人、暇なのかな」「考えずに判断しているのかな」と思われてしまうかもしれません。たとえば、仕事の打診をした1分後に「お断りします」と返信がきたら、どうでしょうか。丁寧な文面であっても即答で断られたことによって「熟慮してくれたのだろうか」と疑わしく思うかもしれません。

　即レスは万能ではありません。プラスに働く場面と、マイナスに働く場面があります。**相手との距離感、メールの内容、相手が喜ぶかどうか、そのような点をポイントに考えてみましょう**。

返信のときは
件名を変えたほうが
いいですか

　結論から言えば、返信のときは原則、件名を変える必要はありません。なぜ「原則」なのかは後で説明します。

　メールは返信をするときに「Re:」という記号が件名の頭に付加されます。

●元の件名

ビジネスメール研修（4/10）資料確認のお願い

●そのまま返信したとき

Re：ビジネスメール研修（4/10）資料確認のお願い

　件名を毎回変えるとしたら、次のようになるわけです。

●件名を変えて返信したとき

ビジネスメール研修（4/10）資料確認完了のご報告

　こんなラリーが続いたら、ちょっと煩わしく感じませんか。そもそも「Re:」をつけることは失礼でも何でもありません。この

印がつくことで、自分が送ったメールの返信がきたと瞬時にわかります。しっかりした件名をつけているならば、そこに「Re:」がつきますから、内容も当然推測できるでしょう。

メールをスレッド管理している場合、件名が変わってしまうと、スレッドが崩れることもあります。スレッドで管理をしている人からは、やりとりを追えなくなるので「件名を勝手に変えないでほしい」と要望されるかもしれません。

件名を変えたほうがいいものは次の3つのケースがあります。

1つ目は、相手が抽象的な件名をつけてきた場合です。「お問い合わせ」「お知らせ」のようなシンプルな件名は「○○のお問い合わせのお礼」のように書き換えて返信してもよいでしょう。

2つ目は、相手が感情的な件名をつけてきた場合です。「貴社の対応に失望しました」のような件名に「Re:」をつけて返信をすると、相手が再度その件名を目にして怒りが再燃する可能性もあります。

3つ目は、やりとりしている内容と件名が異なってきた場合です。たとえば、年始の挨拶で「あけましておめでとうございます」という件名でメールが始まり、返信を重ねるうちに見積もり依頼、導入支援……このように内容が変わってもずっと件名が「あけましておめでとうございます」だと違和感があるわけです。

件名はメールの用件を示すものだと考えて、必要に応じて変更しましょう。件名を変更する場合は「メールの内容も変わりましたので、今回から件名を変更しました」と一言書くと親切です。

CCに入っている人が
返信しても
いいのでしょうか

　メールの宛先の欄には、TO、CC、BCCの3種類があります。どこに入れてもメールを送れますが、求める役割は異なります。TOでメールを受け取った人は「自分に送られてきたメールだ。返事や処理をしよう」と判断します。一方、**CCでメールを受け取った人は「自分に送られてきたメールだ。これは、読むだけで返事はしなくていい」と判断します。**

　CCに入れるのは、次のような目的があるからです。

①動きを把握しておいてほしい
②対応しているのを知っておいてほしい

　どういうことでも、関係者と思われる相手をCCに入れて送る人がいます。共有せずに怒られるくらいなら全て共有したほうがいい、共有することで報告したことになり責任が軽くなると考える人もいるようです。

　CCで受け取ったメールを熟読することは少ないでしょう。細かい部分は飛ばして全体をざっと読みます。**大まかに理解するだけでいいと思って、全体の流れを見るだけのことが大半です。**

**TOで受け取ったメールならすぐに読むけれど、CCで受け取っ
たメールは手が空いたら読むという人もいます。**CCのメールは
後回しにされがちです。

　原則として、CCでメールを受け取った人は読むだけで、返信
をしません。CCの人が返信をすると、TOで受け取った人は「自
分の仕事をとられた」と思ったり「これからもCCの人が対応し
てくれる」と期待して処理をしなくなったりする可能性がありま
す。TOとCCの人が同時に対応すれば、それぞれが異なる回答
をして、トラブルになるかもしれません。

　**CCに入っている人がメールに対応してもいいのは、合理的な
理由があるときです。**たとえば、TOの受信者が休暇中でメール
の返事ができない場合が、それに当たります。

本日、担当の山田が休暇をとっているため、代わりに回答します。

　このように一言断っておくと、相手も理由を聞いて納得しま
す。「山田さんに送ったメールなのに、どうしてほかの人から返
事がきたんだろう」という疑問も抱かせません。

　休暇を取得するときは、CCで共有している人が返信するとい
う共通の認識があるとよいでしょう。**全てのメールに返信するの
ではなく、緊急を要するもの、重要なもの、休暇明けまで未対応
だと何かしらのリスクが生まれるものは、ルールを作って処理す
るように決めておきます。**その場合、休暇明けは、自分に届いた
メールをほかの人が代わりに返信しているか、必ず確認しましょ
う。代わりに対応した人が「○○のメールはすでに返信済みで
す」と一声かけてあげると親切です。

返信の際、
書き出しは
何と書くべきですか

　**メールの返信では、最初に相手の名前、そして、挨拶と名乗り
を書きます。** これは返信に限らず、新規作成、転送など全ての
メールで共通の作法です。

　その後、要旨を書くわけですが、いきなり本題に入ると「ちょっ
と冷たい」「性急だ」といった印象を与えそうなときは、気の利
いた一言を添えてもよいでしょう。電話応対で、軽く挨拶をして
から本題に入るのと同じです。ただし、**気の利いた一言は自分の
言葉でなければなりません。** 借りてきた言葉を添えても意味がな
いのです。

　たとえば、次のような書き出しを読んで、どう思いますか。

最近、急に冷え込んで参りましたが、
体調などにお変わりはございませんか。

さて、さっそくですが本題に入らせていただきます。

　相手の体調を気遣う一言が入っています。配慮があってよさそ
うです。ただし、書き手が、季節の変化にうとく、対面ではこう

した配慮をしないのに、メールではこのような挨拶をするのは違和感があります。**一言を添えてワンクッション置くのはいいのですが、自分が感じたことを自分の言葉で書かなければ、配慮として伝わりません。**

　うまい言い回しが思いつかないときは「お礼」をベースにしてみましょう。たとえば、急な依頼をして、すぐに対応してもらったとします。その報告メールが届いたら、次のように返信してみましょう。

このたびは、急な依頼にもかかわらず
早急にご対応いただき誠にありがとうございます。

早速ご対応いただきまして、ありがとうございます。

　対応が遅かったときは上記の例のような言い回しは使えません。しかし、**返信してくれたという事実があるので、そこに感謝はできます。**

ご返信いただき、ありがとうございます。

ご対応いただき、ありがとうございます。

　相手が返信してくれたことへの「ありがとう」は自然です。仕事は感謝をベースに行うものなので「ありがとう」の気持ちは、さまざまな場面にマッチします。いきなり本題に入るのに違和感があるときは「ありがとう」を含む言葉でワンクッション入れましょう。これだけでメールにリズムが生まれます。

「スマートフォンからの返信で失礼します」という挨拶は必要なのでしょうか

　スマートフォンの普及により外出先からメールの返信をする人もいます。パソコンとスマートフォンを併用することによってビジネスのスピードは加速しました。効率が上がったと実感している人も少なくないのではないでしょうか。

　いまはずいぶんと減りましたが、以前はスマートフォンからのメールに「iPhoneから送信」という初めからある署名をよく見かけました。**スマートフォンからの返信かどうかは相手にとっては関係がないので「iPhoneから送信」と知らせる必要はありません**。知らせることで「スマートフォンから送っているので何かあったら大目に見てほしい」という気持ちを伝えたいとしても、スマートフォンを仕事で使っているなら署名も仕事用に変更するべきです。

　「スマートフォンからの返信で失礼します」「携帯電話から失礼します」と書くのは、次のような意図が考えられます。

①短文での返事を詫びたい
②オフィスに電話をもらっても不在であることを伝えたい
③外出先からわざわざ対応していることをアピールしたい

　1つのキーを上下左右に払うように押して入力するフリック入力や音声入力を使いこなして、パソコンで入力するのと同じように長文で返信できる人がいます。一方、スマートフォンの入力が苦手で時間がかかり、うまく入力できず、言葉足らずになってしまう人もいます。

　パソコンから送るメールと明らかに違いがあるときこそ「スマートフォンからの返信で失礼します」という一言が生きてきます。状況を伝え、相手が「なんだか雑なメールだな」と思い、違和感を覚えるのを防ぐことができます。

　パソコンから送るメールとのギャップを埋めるためではなく、マナーだと思ってするのは、すぐにやめたほうがよいでしょう。仕事である以上、メールに書いてあることは全てに意味があると思われます。相手は「なぜ、このようなことを書くのだろう」と意図を考えるのです。

　スマートフォンが普及する以前は、携帯電話（ガラケー）で長文を送るのが大変だったので「携帯電話からの返信で失礼いたします」と書いている人が多かったように思います。携帯電話から返信しているから、普段使っているメールアドレスとは異なることを伝えたかったのかもしれません。

　スマートフォンはパソコンのようなものです。クラウドサービスのメールソフトを使っているなら、スマートフォンで同様の環境を実現できます。そうなるとメールを受け取った人は、パソコンから送られているのか、スマートフォンから送られているのか、判別できません。そのため、スマートフォンから送るときは、相手のパソコンでどのように表示されるのか、改行のタイミングや行間のとり方などの見た目をイメージして書く必要があります。

インラインで回答することは失礼ですか

　インラインとは、相手のメールの文章の一部を取り込んで、その下に自分の言葉を書く引用の方法（部分引用）を指します。20年ほど前は珍しい返信方法だったのか、冒頭で「インラインで失礼します」と一言断る人がいました。しかし、いまではインラインという言葉を聞いたことがなく、何を指しているのかわからない人も少なくありません。相手がわからない言葉を使うのは避けたほうがよいでしょう。そもそもインラインでの返信は珍しいものでもありません。

　インラインで回答することは決して失礼ではありません。**わかりやすい返信となるので積極的に活用していきましょう。**

　通常、テキスト形式の場合、受信したメールの返信ボタンを押すと、半角の不等号とスペースが自動的に挿入されます。

　返信画面で、相手のメールの一部を残して（引用して）その下に返事を書くのを部分引用といいます。相手の文章を使うのを失礼だと感じた人が「インラインで失礼します」と言い始めたのだと想像されます。見慣れない方法での返事に相手が戸惑わないようにと、配慮もあったかもしれません。

　「失礼します」という言葉から「礼儀に外れることをしている」

「本来であれば一からしっかり書くべきですが」というお詫びの気持ちが読み取れます。しかし、部分引用はお詫びするようなことではありません。それに、一からメールを書く全文引用にもデメリットはあります。

　返信画面で、メールの上部に返事を書くとき、相手のメールが長文であれば要約が必要です。相手のメールを読んで、内容を理解して、上に戻って、返事を書きます。相手のメールの意図を踏まえ、書いてある質問を要約して回答するわけです。質問と回答に食い違いのないようにと神経を使います。**その作業の中で、転記ミスやもれが起こるのは明白です。**これを避けるためには、部分的に引用するのがベターです。相手の文章の必要な箇所だけ残して、その下に回答やお礼などを書きます。**会話しながら相槌を打つような感じで、自然な会話が成立します。**

●全文引用のデメリット

書き手のデメリット	読み手のデメリット
• 要約するのに時間がかかる • 回答もれが起こりやすい	• 読むのに時間がかかる • 回答もれに気づきにくい

　部分引用と全文引用の両方で返信して比べると、部分引用のほうが圧倒的に作成する時間は少なくて済みます。部分引用する人が多いのも、うなずけるでしょう。部分引用は相手の文章をカットしながら返事を書くので、必要な箇所を間違えてカットしないように注意します。**カットするのは話が終わった箇所か、なくても文脈の理解に困らないような箇所のみにしましょう。**

相手が絵文字を使っていたら、返信にも絵文字を入れていいですか

「絵文字を入れることが正しい」という確証があるなら入れてもかまいません。逆に、確証が持てないなら入れないほうが無難です。メールは情報伝達のために使いますが、同時にコミュニケーションの役割も担います。

たとえば、次のようなやりとりを見て、どう感じますか。

お客さま：サプリメントのおかげでダイエットに成功しちゃいました💕

販売者Ａ：平素よりご愛顧いただき誠にありがとうございます。

販売者Ｂ：お役に立ててよかったです😄一緒に頑張りましょうね🖤

ＡとＢの返信を比べて、どちらが正解でしょう。**答えは、会社のブランドイメージや戦略にもより、時と場合によって変わります。**

顔文字や絵文字を使うのは、距離感や感情を伝えたいからだと想像できます。喜びや嬉しさ、心配や不安、悲しさや寂しさを表現しているのに、平坦な文章で返事がきたら距離を感じます。**文**

章に温度差があると、違和感を覚えます。違和感は信頼構築にブレーキをかけ、仕事がうまく進まなくなるかもしれません。個人向けのビジネスの場合は、リピートしてもらえない可能性も高まります。

　ビジネスメールで顔文字や絵文字を使うのは、上級テクニックです。**「お客さまが使ってきたから使うべき」と単純なものではありません**。よく考えずに使えば、かえって大きく信頼を損なうこともあり得ます。こういった記号を使うときには注意が必要です。

　通常の顔文字は文字化けしませんが、特殊文字は文字化けする可能性があります。相手が書いているものを、こちらが正常に表示できているなら、文字化けの問題はクリアできそうです。

　次に、第三者の視点で考えます。第三者が見たときに「距離感が適切でない」「馴れ馴れしい」と思われるのは問題です。恋愛感情を持っているかのような伝わり方も危険があります。**人に見られても恥ずかしくない、記号を使った意図を聞かれたときに論理的に説明できる、この2つが条件です**。

　最後に、一定の距離を保った対応と距離を縮めた対応の、どちらが将来の価値を生み出すか。メリットとリスクを天秤にかけて判断します。**送ったメールが拡散されたときに、ダメージがあると予想される言動はとるべきではありません**。

　コミュニケーションのうまい人は「崩し」の技術を持っています。作戦なしにうまい人もいれば、論理的に考えてうまい人もいます。勝算があるから崩しているのです。「お客さまには顔文字や絵文字を使うべき」「お客さまには顔文字や絵文字を使うべきではない」という単純な二元論ではありません。

クレームメールに対し、うまい返信の仕方はありますか

強い言葉が書かれたメールを見ると思わず「クレームがきた」と身構えてしまうかもしれませんが、実際はクレームではなく、ただの相談や質問であることが大半です。言い方が強いだけだと考えましょう。

> 買ったばかりの装置が動きません！すぐに使いたいのに困ります。いますぐになんとかしてください。本当に信じられません。

　言語化するのが苦手な人は、感情が高ぶると、どうしても言葉が強くなったり、言葉が足りなくなったりします。言いたいことや、わかってほしい思いが山ほどあるけれど、それを正しく伝えて、受け入れてもらう術を持っていないのです。多くの場合は「困ったからなんとかしてほしい」「助けてほしい」「対応してほしい」という要望を訴えています。だからこそ、やるべきことはただ1つ。**お客さまの課題に寄り添い、納得してもらえるようにサポートしましょう。**逆説的ですが、大切なのは「相手を怒らせる方法」を考えることです。何をしたら相手が怒るかを知っていれば、それをやらなければいいだけなので、怒らせることはあり

ません。たとえば、先ほどの質問に次のような答え方をしたら、相手はどう思うでしょうか。

> 状況がまったくわかりませんので、もっと詳しく説明してください。
> これだけだと、こちらも対応のしようがありません。

　配慮や労いはなく、説明不足な相手を責めているようで「自分たちのことを棚に上げて何を言っているんだ」と怒りを倍増させます。**送信者が欲しいのは共感と情報（回答）の2つです。**

●共感を伝える例

> このたびは○○をご購入いただき誠にありがとうございます。
> また、大変なご不便をおかけして申し訳ございません。

　このように状況に対しての部分謝罪を行います。**お詫びしている対象を明らかにすることで、状況を的確に把握していることも伝わります。**次に、相手が望む状態に導くための質問をします。解決にかかる時間や費用の目安を伝えてもよいでしょう。

●情報（回答）を伝える例

> ○○装置が正常に稼働するまでに通常は2〜3日程度かかります。
> 最短での解決方法を探るため、現状をお聞かせいただけないでしょうか。
> お手数をおかけして恐縮ですが、以下についてお答えください。

　解決の見通しがつくと安心します。**相手と同じ方向を見て、課題を一緒に解決していくのが顧客対応の基本姿勢です。**

受信するメールが多くて
見落としてしまいます

　受信したメールを見落としてしまうなら、その原因を考えて、潰していくのがよいでしょう。全てのメールを見落とすことはありません。気づかないメールがあるという状態です。それは、なぜかを考えます。メールボックスの中で埋もれてしまっているならば、次の2つの原因が考えられます。

①整理整頓ができていない
②未処理メールが多い

　①は、フォルダー構成の見直しが必要です。**フォルダーを細かく作りすぎて見落としている**可能性もあります。

　②は、複数の問題が潜んでいます。たとえば、未処理メールは未読にし、処理したメールは既読にして、案件を「未読」「既読」で管理する方法があります。**この方針で、メールを開封してもすぐに処理できないものを「既読」から「未読」に戻していると、戻し忘れたとき、高い確率で返信もれが発生します。**1日100通届いて、50通くらいを後回しにしているなら、後回しの都度「未読」に変更しているわけです。全て手動で行うので、もれる可能

性が高いのは言うまでもありません。

　未処理のメールには「フラグ」を立てるか「ラベル」をつける
のがいいでしょう。フラグやラベルのあるメールは一覧化される
ので探す手間もかからず、仕事の合間にチェックして対応するだ
けです。

　煩雑だと感じないならば、未処理フォルダーを作って移動させ
るのも1つの方法です。ただ、未処理メールが100通も200通も
あると、紛れてしまう可能性があります。

　もれる・紛れることをできるだけなくすためには「未読メール
を1通でも減らす」あるいは「未処理メールを1通でも減らす」
のが有効です。

　同じようなことに聞こえるかもしれませんが、これらはまった
く異なります。未読メールは、まだ内容がわからないメールで
す。これを読んでフラグを立てると「内容はわかるけれど処理し
ていないメール（未処理メール）」になります。未読メールを減
らすためには、未開封のメールをため込まず、メールが届いた
ら、速やかに処理する必要があります。読むだけのものはどんど
ん目を通し、すぐに処理できるものは、その場で対応します。

　自分のペースで「3分以内でできるなら即対応」「5分以内でで
きるなら即対応」と基準を決めて対応しましょう。ここで処理が
できなかったものにフラグを立てます。

　届いたメールをすぐに処理しないというのが、メールの対応も
れが起こる大きな原因です。問題の解決を先送りしているだけと
もいえます。数分で処理できるならば、その都度、処理したほう
がよいでしょう。

メールを削除する
タイミングが
わかりません

　原則、メールを消す必要はありません。1通1通のメールが貴重な財産です。メールが仕事の履歴となり、顧客との接点情報にもなります。10年が経っても、20年が経っても、メールを見れば、いつから、どのような経緯で相手とのやりとりが生まれたのか、どんなやりとりをしてきたのかを把握できます。

　メールアドレスは固有な情報です。ほかに同じものは2つとしてないので、メールアドレスで検索すれば、すぐに個人を特定できます。**簡易的ですが、メールアドレスだけでも顧客カルテのような役割を果たすことができます。**

　最近では、クラウド型のメールサービスが主流となりました。個人に割り当てられるメールボックスの容量は、昔に比べて格段に大きくなりました。多くの人は100GBもあれば十分で、一生メールを消す必要はないでしょう。

　そんな状況下で、メールを消さなくてはいけないのは、どのような人でしょうか。それは、次の条件に当てはまる人たちです。

①**メールを消さないと、次のメールが受信できない**
②**メールのデータが多いと、パソコンの挙動が悪くなる**

　これらの場合は、不要なメールを見つけて消す必要があります。**消すことが必須なので、残すべきメールと消すべきメール、この判断基準を作っておくべきです。**後でやりとりを確認したいメール、引き継ぎに必要になるメールなどは、優先順位を上げて保管します。一方で、迷惑メール、営業メール、何かの通知メールなどは、削除しても仕事に支障はきたしません。

　メールボックスの空き容量を増やしたいときは、大きな添付ファイルがついているメールを優先的に削除してもよいでしょう。ここで、メール本文の内容は残したいときは、**転送ボタンを押して、添付ファイルを削除して、自分宛てに送れば、メールボックス内にメール本文だけが残ります。**後で検索することを考えて、件名はそのままにしておくのがよいでしょう。

　クラウドサービスを利用していても、ローカル環境でメールを受信していても、どちらでも必要になるのが迷惑メールの削除です。放置すれば勝手に消えるから見なくてもいいと考える人もいますが、迷惑メールフォルダーに必要なメールが飛び込んでくることがあります。

　迷惑メールフォルダーは定期的に確認して、必要なメールが紛れていたら通常の受信トレイに移動させます。そのときに必ず迷惑メールは消すようにしましょう。これをやらないと、毎回、全てのメールに目を通すことになります。前回チェックしたところまで戻って、新しく入ってきた迷惑メールを見つけて、そこから確認するという一連の流れは無駄な行為です。一度確認した迷惑メールを削除しておけば、迷惑メールフォルダーを開いて、そこにある全てのメールをチェックすればよいので、判断することもなく、スピードが上がります。

必要なメールと
不要なメールを
振り分けたいです

　1日に届くメールが数通だったら、フォルダーに振り分ける必要はありません。各フォルダーを見にいくほうが手間になります。**受信トレイだけに届くようにして、見るのは受信トレイだけ、届いたら都度、処理すればよいでしょう。**

　仕事での関係者が増えれば、届くメールも増えます。メールアドレスを一般公開したり、名刺交換したりする相手が増えると、定期的な情報提供のメールが届くかもしれません。情報収集のためにニュースサイトからの更新通知を設定したり、メルマガを定期購読したりすることもあるでしょう。いまでは、ウェブサービスを利用するのに、メールアドレスの登録やメルマガの購読が必須のものも珍しくありません。そのため、長く仕事をしていると、メールがどんどん増えていくのです。

　次の基準で、必要なメールか不要なメールかを判断します。

①読む必要がある
②読む必要がない

　そもそも読む必要がないなら、受信を解除しましょう。迷惑

メールは自動振り分けの設定をし、迷惑な営業メールなど、できるものは解除します。ただし、読む必要がないからといって、全てのメールが解除できるわけではありません。システムから自動的に送られてきて、自分では配信停止ができないものもあります。いまは読む必要がないけれど、保管しておきたいメールもあるでしょう。**そのような場合は、既読にしてフォルダー振り分けをするのがベストです。**

　メールには「自動仕訳（振り分け）」の機能があります。これを使って「所定のフォルダーに振り分け」をして、さらに自動的に「既読」にするのです。受信者は、メールの存在に気づくことなく保管を続けられます。

　これで受信トレイには「読むだけ」あるいは「対応すべき」メールだけが残ることになります。読むだけのメールは優先順位が低く、対応すべきメールは優先順位が高いともいえます。同じ組織でも、Aの業務は担当者が決まっていて、自分は見るだけでよいといった場合は、対象のメールを振り分けて、後でまとめて目を通して状況を把握してもよいでしょう。

　つまり「自分が処理するもの」「読むだけ・他者が処理するもの」の2つで分類すれば十分です。この基準に沿ってフォルダー分けができると、常に優先順位をつけて見るべきフォルダーが決まります。そのほかに、**顧客ごと、業務ごと、ジャンルごとなどでフォルダーを作るのもよいでしょう。**

　フォルダーの構造を誤ると、余計に時間がかかり、メール処理が煩雑になります。ここで紹介した基準を参考にして、自分にとってのベストな構造を模索しましょう。

第3章

目的を達成する
本文にする

ビジネスメールには必ず目的があります。
相手に伝わり受け入れてもらいやすくなる
よう、書き方の工夫を心がけましょう。

簡潔な文章の作り方、余計な文章の削除の仕方を知りたいです

　文章は簡潔に伝わりやすく書くべきと心がけても、くどい言い回しになってしまうことがあります。余計な一言が書いてあったり、同じようなことを繰り返していたり、似たようなことが続いたりすると「くどい」と感じさせます。余計な一言は、読み手がそう感じるだけで、書き手は必要だと思っています。そのため書き手本人が気づきにくいのが厄介ですが、見つけるヒントがあります。**「〜ですが」というクッション言葉のようなものが出てきたら注意**。その前置きが本当に必要かを考えましょう。

こちらでもかなりの時間を使って検証してみたのですが、
システムの不具合があり大変申し訳ありません。

　この**「こちらでもかなりの時間を使って検証してみたのですが」という1文は、相手によっては言い訳に聞こえるかもしれません**。こちらの努力をわかってほしい、こちらの配慮に気づいてほしい、このような気持ちが透けて見えます。しかし、客観的に考えると、この部分が不要だとわかるでしょう。

　たとえば次のように書き換えたらどうでしょう。

> このたびは、システムの不具合があり大変申し訳ありません。

　潔さや誠実さを感じるのではないでしょうか。顛末の説明が必要ならば事実を正確に書くだけです。その場を言いつくろっても、言い訳にしか聞こえません。無用な説明は、相手を不快にするだけです。過剰なクッション言葉もいりません。丁寧に書きたい気持ちが先行して、表現が過度になることがあります。特に、恐縮のフレーズは多用されがちです。クッション言葉が続いたら、カットできるものはないかを考えましょう。

> お手数をおかけして恐縮ですが、添付ファイルをご確認ください。
> お忙しいところ大変恐縮ですが、ご返信をお待ちしております。
> こちらの都合で恐縮ですが、よろしくお願いいたします。

　こうして3つの文章に連続してクッション言葉を入れたメールに出合うこともあります。**相手の負担に配慮したい気遣いは見えますが、過剰だと真意を探られます**。それに内容が理解しにくいのも問題です。

> 添付ファイルをご確認ください。
> お忙しいところ大変恐縮ですが、ご返信をお待ちしております。
> よろしくお願いいたします。

　これですっきりしました。あっても問題はないけれど、あると過剰な言葉は、カットしても問題はないことが多いです。**意味に影響を与えない言葉は調整して、バランスをとりましょう**。

どうしたら、わかりやすい質問になりますか

　わかりやすい質問は、答えやすい質問のことでもあります。 どのように質問したら相手が答えやすいかを考えると解決策が見えてきます。「何かアドバイスをください」と言われるよりは「○○についてアドバイスをください」と言われたほうが答えやすいでしょう。わかりやすいとは、何を質問しているかが具体的であることです。具体的に質問すれば答えやすいのです。

　たとえば、次の2つの質問はどちらが答えやすいでしょうか。

①	お送りした商品紹介の原稿について、いかがでしょうか。
②	お送りした商品紹介の原稿について、開発者としての個人的な感想を入れすぎたと感じていますが問題はありませんか。

　①は「いかがでしょうか」と聞かれても抽象度が高くて答えにくいです。確認を丸投げされているようで負担にもなります。読み手が敬語に細かい人だったら、敬語の指摘を中心にフィードバックがくるかもしれません。でも、商品の機能説明に間違いがないかをチェックしてほしかったとしたら「見てほしいのは、そこではないのに……」と食い違います。

②は聞きたいことが明確です。論点は、原稿に入れた開発者としての個人的な感想が多いか適量か。**読み手は、判断を求められていることが明白なので返事もしやすいでしょう。**

「何か気になる点があれば」「何かアドバイスがあれば」といったフレーズは抽象度が高いゆえに当てはまるシーンが多いので、使い勝手がいいようにも思えます。しかし、書き手が楽をした分だけ、読み手は論点がどこにあるかを汲み取らなければならず、負担に感じるフレーズでもあります。そんな面倒をかける相手からのメールに快く返信ができるでしょうか。

わかりやすさは質問の内容だけでなく、レイアウトにも求められます。たとえば、文章だけで質問するのと、箇条書きにして質問するのでは、どちらが伝わりやすいでしょうか。

(1)	研修を実施するにあたり、受講予定人数や会場（オンライン／会議室）について教えていただけたらと思います。テキストの事前送付が可能かどうかも知りたいと考えております。
(2)	研修実施にあたり、以下3点をお答えください。 1. 受講予定人数 2. 会場（オンライン / 会議室） 3. テキスト事前送付の可否

（1）と（2）を読み比べると、（2）のほうが全体を把握しやすいでしょう。**箇条書きにすれば、質問の内容や数が明確になるので理解しやすく、回答もれも防ぐことができます。**複数の質問をするときは、できるだけ箇条書きにする。これだけで一気に回答をしてもらいやすくなるでしょう。

メールで端的に伝えるには
どうしたらいいですか

　メールで端的に伝えるには、相手が知っている、理解できる言葉を使うことです。はっきりと、わかりやすい言葉を選びます。

　相手は、メールに書いてある言葉を、自分の頭の中の辞書を引きながら解釈します。知らない、わからない言葉があれば文章の意味をつかめません。調べるのも手間がかかり、調べることなく過去の経験を頼りに推測したことが間違っている可能性もあります。**コミュニケーションをとるときに使う言葉は、自分と相手が同じ意味で理解しているものでなければなりません。**

　たとえば「できるだけ早く」という言い回しも、人によって解釈が異なる典型例です。

●できるだけ早くの解釈の例

・本日中（日付が変わるまで）に
・本日の 17 時までに

　書き手と読み手はそれぞれ「できるだけ早く」を都合のいいように解釈します。書き手は「これは重要な作業だし、手が空いているようだから、今日の15時までにはやってくれるはずだ」の

ように期待して、読み手は「今日は忙しくて手が空かないから明日中には対応しよう」と解釈したら、互いの目指す期限は食い違います。**書き手は期待外れの結果に失望して、読み手は失望の理由がわからず不満につながるでしょう。**

「本日中に」を終業時間までと解釈するか、日付が変わるまでと考えるかも人によります。終業時間までと考えるのが常識だと決めつけるのは危険です。

「本日の17時までに回答します」と回答期限を示した場合は、互いに共通の認識を持つことができます。17時だと遅ければ「15時までになんとかなりませんか」と相手も交渉ができます。

テキストによるコミュニケーションの難しさは、推測が入るところにあり、推測による期待と実際のずれが、ストレスや不満を生み出します。端的に伝えるためには、より推測の余地がない言葉を使いましょう。

推測の余地がある例	改善した例
今日中に	8月29日（火）18時までに
できるだけ多く	5個以上
なるべく早く	いまから3時間以内に
もっと安く	1万円以内で

期日や数量、時間や金額、感覚など程度を示すものは具体的に書けます。相手が抽象的な言葉を使ってきたら「具体的に書いてください」とは返しにくいので「もっと安くとのご希望ですが、1万円を切る価格ではいかがでしょうか」と具体的に確認をして認識のすり合わせをします。

好感を持ってもらえる
メールを書きたいです

　好ましい印象は、何から生まれるのでしょう。メールで好感を持ってもらうというと、どんな言葉を使うか、どんな文章を書くかに目が向きますが、最低限のことすらできないのに言葉だけ洗練されていたら、違和感があるばかりでなく二枚舌のように映るでしょう。

　最近では、会う前にメールでコミュニケーションをとることが増えました。やりとりを何度かしていると「この人は仕事がしやすい」「この人は噛み合わない」のような印象を持つようになります。メールが第一印象を作ることも珍しくありません。

　よい印象を作るのは「高い仕事の質」と「相手への気遣い」です。この2つがそろうと、良好な関係を築けて、仕事が円滑になります。好感を与えるのは次のような要素です。

①相手の要求に応えるメールを書く
②期限を前倒しして対応する
③トラブルが起こる前に相談する
④プラスアルファの提案を行って納得感を高める
⑤ビジネスパーソンとしてTPOに合った言葉を使う

　仕事の質を満たせるようになったら、気遣いを盛り込みましょう。**気遣いのテンプレートが欲しい人もいるでしょうが、好感は、相手の状態を見て言葉を選ぶことから生まれます。**

　たとえば、残業した相手に、どのような気遣いができますか。

（1）	遅くまでお疲れ様でした。
（2）	体調が悪い中ご対応いただき、誠にありがとうございます。
（3）	体調は回復されましたか。

　労いたい場合は、（1）のような時間や疲れに触れた対応が望ましいでしょう。相手も気遣いに対する感謝を伝えてくるかもしれません。一方、体調が悪い中で無理をしたと聞いて（1）のような1文だと違和感が生まれます。相手の体調を気遣う（2）か（3）が正解です。

　ただし、（2）は体調がいま（ここ数日間）悪いと聞いている場合に書くべき言葉です。（3）は数日経ってから使う文面のため、体調が悪い当日に書くと違和感が生まれます。

　言葉が場面に合っていなければ、気遣ったふりをして心がないとみなされるかもしれません。場面を問わない鉄板フレーズはありません。

冷たい印象を与えない
文章が書きたいです

　どうせメールを書くなら効果的に使いたい、ただ情報を伝えるだけでなく好印象を与えたいと思うでしょう。**印象のよいメールは、用件が伝わるだけでなく、心遣いもあります。**逆に、用件だけで終わっているメールは「冷たい」という印象を与えかねません。

　「冷たい」と感じるメールの特徴を見てみましょう。

①機械的な対応をする
②いつも同じ言い回しをする
③聞かれたことにだけ答える

　用件が伝わるだけは足りないことがわかります。**メールで行うのはコミュニケーションなので、対面や電話と同じように、感情に寄り添った温もりが求められます。**メールは相手の顔が見えない、声が聞こえない手段ですが、メールの先に人の気配を感じなければ機械を相手にしているようなものです。

　メールを送ってもらったことに対するお礼、対応してもらったことに対するお礼など、仕事ではお礼する場面がたくさんありま

す。**メールに温かさを出したいときは、お礼を入れてみましょう**。「ありがとう」と言われて気分を害する人はいません。「ありがとう」は冷たいメールに温もりを与えるでしょう。

お礼もパターンがいつも同じだと「機械的だ」と感じます。それが続くと「冷たい」という印象になります。場面に応じて、お礼だけでも5パターンくらい持っておくとよいでしょう。

感じたことを自分の言葉で表現できると、血の通ったメールになります。問い合わせをする人は「不安」「不快」などの感情を抱えていることがあります。たとえば、セミナー申し込みの受け付けが完了しているのか不安になって問い合わせたとき、次のような返事がきたら、どうでしょうか。

(1)	すでにお席は確保できております。
(2)	すでにお席は確保できておりますので、ご安心ください。

（1）は知りたいことに答えてもらえていますが、（2）のほうが安心できるのではないでしょうか。**安心したい相手には「安心してください」と伝える。特別なことでなくても、書くべき言葉はすでに相手が教えてくれています。**

メールで対応をするときに聞かれたことしか答えない人がいます。値段を聞かれたら値段を、在庫数を聞かれたら在庫数をというようなコミュニションは、将来的にAIにとって代わられるでしょう。人が介在するのですから、相手の状況を予測したり、心に寄り添ったり、そのようなコミュニケーションをとりたいものです。**機械的な言葉に心は通いません。**

親身になってくれる人だと思われるメールを書きたいです

　冷たい印象を与えないのが最低限のコミュニケーションならば、その一歩先を行くのが親身になってくれるメールでしょう。親身になってコミュニケーションをとるならば、相手の心情や状況を理解して、それに合った対応をする必要があります。**相手のことを知るためには興味や関心を持つことです。**

　たとえば「コピー機が壊れて困っています」という問い合わせがあったら、どこまで相手のことを考えられるでしょうか。

- 急な印刷に対応できず困っているかも
- ほかの社員から壊れたことを責められているかも
- いつ修理にくるのか心配しているかも
- どのくらいコストがかかるか気にしているかも
- コピー機の欠陥を疑っているかも

　正解は相手にしかわかりません。答えを探すのではなく、**相手の置かれている状況を踏まえて、思いや考えを想像することが大切です。**ちょっとした変化や言葉の節々から推測ができます。そして「急な印刷に対応できず困っているのでは」という点に当た

りがつけば、次のような一言を伝えられるでしょう。

> コピー機の故障により大変ご迷惑をおかけしております。
> 本日中に修理担当者が貴社へ伺いますが、
> もし大量の印刷が必要でしたら、弊社で対応することも可能です。

　先回りして問題の解決策を提示されたら「理解してくれている」「頼りになる」と感じるでしょう。

　相手に誠実な関心を持っていれば、過去のやりとりからもヒントが見つかります。たとえば過去に「月末に大量印刷する」と聞いていたなら、次のようにも言い換えられるでしょう。

> 1年ほど前、月末は大量に印刷をする必要があるとお聞きしました。
> もし大量の印刷が必要でしたら、弊社で対応することも可能です。
> 遠慮なくお知らせください。

　過去のやりとりを引き合いに出して話を組み立てると「本当によく覚えている」と感心されるかもしれません。**メールの履歴を検索すれば、さまざまなやりとりが見つかります。**目先の対応に追われていると、親身になった対応ができなくなります。親身になるには、考えたり、準備したり、時間もかかるでしょう。しかし、それだけの手間をかける価値があるのです。

参加してもらえる
告知メールの書き方を
知りたいです

　コロナ禍でなかなか会えないということもあり、イベントなどの告知をメールで行うことが増えました。**メールなら、イベントの概要だけでなく、申し込み方法を知らせられて誘導もスムーズです。**メールに、申込フォームのURLを書いたり、申込書を添付したりすれば「参加したい」と思ったときに、すぐに申し込めます。

　メールであれば何人に告知しても、コストはほぼゼロです。手軽さとコストの魅力から、メールを使った告知が増えているのでしょう。ただし、**一斉送信のような送り方をすると相手はDMだと判断して、反応率は一気に落ちます。**一対一のメールとして個別に誘うのが、反応率は一番高いです。

　たとえば、お客さまに次のような内容でメールを送ったとします。

> お客さまのお役に立てればと思い、○○イベントを開催します。
> よろしかったら、ぜひご参加ください。

　これだけを読んで「参加します！」とはなりません。このイベ

ントは「いつ」「どこで」やるのか「テーマ」は何か、費用は発生するのか、どうやって申し込むのかと次々に疑問が生まれます。**判断するのに必要な情報が足りません。**情報がなくても参加してくれるのは、時間があるか絶大な好意を寄せてくれているか、どちらかの人くらいでしょう。

　人を動かしたければ、必要な情報を全て最初に提示する必要があります。イベントに興味を持っても、費用や申し込み方法が書かれていなければ、そこで検討を後回しにする可能性があります。興味があるなら聞いてくると思うかもしれませんが、それは本当に強い興味を持った人だけです。通常は聞くのも調べるのも面倒で、情報が足らなければ後回しにします。

　さらに「いつ」「どこで」「誰に」「何を」「どのように」「いくら」などの情報があっても、肝心の「なぜ誘ったのか」の意図がわからないと決定打に欠けます。一般化された告知文を読んでも、自分事として捉えにくいのです。次のように意図を示します。

○○様の事業規模だと今回のイベントがピッタリです。

効率化を求める○○様にこそ、お勧めしたいイベントです。

国内の関連メーカーの90％が集まり、
パンフレットを集めるだけでなく、実際のデモも確認できます。

　「ちゃんと、こちらのことを考えてくれているんだ」ということが伝われば相手も検討しやすくなります。企業規模、担当者の興味や関心、今後の展開といったものをメールの文面に入れることで、誘っている理由がわかり、相手も判断がしやすくなります。

依頼メールの書き方を
教えてください

　仕事では、いろいろなメールを書きますが、日常で最も頻繁に書くのが依頼メールかもしれません。依頼のゴールは、相手が着実に実行に移してくれること。しかも依頼者の求めるスピード感で。頼まれて、嫌々ながら動くのと、快く動くのでは、仕事を円滑に進めるうえでは大きな差が出ます。**仕事はお願いの繰り返しです**。依頼は1回とは限りません。関係は続きます。だからこそ、**依頼メールでは気持ちよく対応してもらえるように働きかけることが重要です**。

　しかし、受け取った相手を戸惑わせてしまう依頼メールが少なくありません。メールを読んで、次の1つでも頭をよぎれば、気持ちよく対応することはできないでしょう。

①なぜ私なのだろう
②いつまでにやるのだろう
③何をどうやってやるのだろう

　それぞれに答えが示されなければ、動くことはできません。
　依頼内容に関連している部署だから、データを持っているか

ら、紹介してもらったから、一番詳しそうだから、適任だからなど、理由は必ずあります。それを伝えないと相手はわかりません。

　期限も重要です。ほかにも仕事を抱えているので、期限が書かれていないと優先順位をつけられず、動きにくいこともあります。数分でできる作業や期限を委ねるものは、期限を伝える必要はありません。しかし、**時間のかかる作業や後工程に影響があるものは、期限を設定して、スケジュール感を共有したほうがよいでしょう。**

　情報の抜けもれがあると、依頼どおりの作業をしてもらえない可能性があります。情報の欠落があれば、相手は知識や経験で補足して理解しようとします。その補足が間違っていたら正確には動けません。依頼に必要なのは「作業の目的」「作業の質」「作業の内容」です。

　目的がわかったほうが、相手もプラスアルファを考えやすいでしょう。たとえば資料の作成を依頼する場合、その資料を社内会議で使うのか、社外プレゼンで使うのかによっても求められる質が変わります。過剰品質も低品質も時間を無駄にするので、求めるアウトプットの内容だけでなく質も伝えるようにします。

　相手の経験値に合わせて作業手順も伝えます。相手が疑問や不快を抱くことなく正確に対応してくれることがゴールです。そのためには、**相手に応じて伝え方を変えることが必要になるのです。**

無理なお願いをするときに、どう書いたら動いてもらえますか

　通常の依頼であれば、仕事なのでやってもらえるでしょう。しかし、相手に断る権利があるときや、無理を強いるときは、それ相応の依頼の仕方が求められます。人を動かすには、強い言葉を使った感情的なアプローチや、論理的なアプローチが有効です。

①強い言葉で依頼を受け入れてもらう（感情）
②事情を伝えて理解を求める（論理）

　強い言葉は感情を揺さぶります。**人間は感情の生き物でもあり、頼られることによって自己重要感を持ちます。**「私は人の役に立っている」と思えるから、つらい仕事であっても頑張れるのでしょう。たとえば、次のような言葉が当てはまります。

○○さんにしかお願いできない内容です。
なんとかご協力いただけませんか。

○○さんにご協力いただければ、きっと成功すると思います。
なんとかお力添えをいただけませんか。

　強い言葉は、毎回使うわけにはいきません。ここぞというとき
に使うから効果があります。いつでも誰にでも使っていれば「言
葉が軽い」と思われます。使うタイミングや回数には注意しま
しょう。

　別の視点では、相手の理性に訴えます。**筋道を立てて伝えて、
感情に左右されず、判断してもらいます。**「そのような事情だっ
たら仕方がない」と思ってもらわなければなりません。「お手数
をおかけして恐縮ですが、ご対応のほどお願いいたします」なら
ば、通常の依頼と同じです。無理な要求をしていることを自覚し
ていないようにも映ります。それが、次のように事情を伝えたら、
どうでしょうか。

私の認識不足で、納期を 1 日短く見積もってしまいました。
資料の作成をお手伝いいただけないでしょうか。

今回の案件は何としても成功させたいと考えております。
○○様のお力をお貸しいただけないでしょうか。

　事情を伝えて、相手が「それは重要だ」「力になりたい」と思っ
たら、優先順位を上げて力を貸してくれるでしょう。

　論理的にアプローチするならば、どの程度困っているのか、会
社や組織にとってどの程度重要なのか、無理を受け入れることに
どんなメリットがあるのか、説明が求められます。

　**①と②は相反するアプローチのように見えますが、表裏一体と
なって物事を進めます。**方法に絶対の正解はありません。**相手を
動かすために必要なのは何か。**それを考えて判断します。

PREP法を使って書いたら、効果的に説得できますか

　説明や説得をするような場面で有効なのがPREP法です。PREP法は、文章構成の組み立て方の1つです。Point（結論）、Reason（理由）、Example（事例、具体例）、Point（結論）の頭文字をとってPREPといいます。日常の事象を例に見てみましょう。

●PREP法の例

```
P ＝ Point（結論）：私は山に登りたい
R ＝ Reason（理由）：最近、運動不足だから
E ＝ Example（事例、具体例）：山に登ると5〜6時間は歩き続けるの
                            で運動になる
P ＝ Point（結論）：だから私は山に登りたい
```

　PREP法は要求を通したいような場合には特に有効です。「○○をしたい」とだけ言っても、それが通るとは限りません。相手が納得するような説明が必要です。その説明も単に並べたのでは耳に届かず、説得しなければなりません。**相手を説得するのに効果的な情報を出す順番がPREPなのです。**

　たとえば、値下げや値上げの要求、休暇の申請、担当者変更の相談などは「お願いします」と求めるだけでは通りにくいといえ

ます。そこでPREP法の出番です。

　まず、**これから始まるコミュニケーションの目的について、共通認識を持つために結論から伝えます。結論の根拠を問われるので理由を添え、理由をわかりやすくするために事例を伝えます。**原油が高騰している、輸入コストが上がっている、原材料費が高騰している、人件費が高騰しているなど、否定できない理由を並べれば納得してくれる可能性が高まります。最後に結論を声高に訴えて、判断を迫るわけです。

　では、毎回このような書き方をしたら、どうなるでしょう。部下にコピーの依頼をするような場合で考えてみましょう。

●PREP法を使った依頼の例

```
P（結論）：コピーを10部とってほしい
R（理由）：社会人として成長できる
E（事例、具体例）：上司の企画書を盗み見るチャンス
　　　　　　　　　そうして企画書の作成スキルを身につけて出世し
　　　　　　　　　た人もいる
P（結論）：だからコピーを10部とってほしい
```

　これだと、大げさで、面倒を押しつけているようにも映ります。**PREP法は、ちょっとした依頼や回答などには適していません。**相手の仕事だと決まっているなら、理由は言うまでもなく、あえて言うことのほうが違和感につながるでしょう。

　相手が、やりたくないと思っていること、一歩踏み出す勇気がないこと、決断する決め手がないと感じていることは、説得したり背中を押したりする必要があります。そのような場面でPREP法は効果を発揮します。

要求を受け入れてもらえる提案メールの書き方を知りたいです

　メールは、情報伝達や日程調整など難易度の低いコミュニケーションに向いたツールです。しかし、**使いこなせるようになると、交渉や提案など難易度の高い、難しいコミュニケーションも楽にできるようになります。**

　要求や希望を受け入れてもらうことをゴールとする提案メールの書き方は、相談メールと似ています。**相手に判断を求めるのは同じですが、ゴールでは相手の納得が不可欠です。**

- 相談メール：アドバイスをもらう
- 提案メール：要求や希望を受け入れてもらう

　たとえば、お客さまに対して「販売価格を3%上げたい」という要求があったとします。「申し訳ありませんが、来月から価格を3%ほど上げさせてください」と伝えるだけで、すぐに了承してもらえることはあるでしょう。しかし、相手が納得してくれない可能性もあります。だから、相手が納得の行く説明が必要です。**こちらの事情を理由にするならば、丁寧にお詫びをして許可をもらえるように努めます。**社会的な問題や天候など外部環境が

要因ならば、そのことを伝えて理解を求めます。

> 長引く円安や国際情勢の影響もあり、材料費が高騰しております。
> そのため、現在の価格を維持することが難しくなって参りました。

　複合機の買い替えを提案するなどのケースでは、**相手に判断をしてもらうための材料を提示して、望むゴール（購入や買い替え）の決断を求めます。**伝えるのは、どんな問題が起こっていて、導入することでどんな状態になるのか、導入のプロセスや費用、人的な負担がどの程度かなどです。

●判断材料のまとめ方の例

項目	古い複合機	新しい複合機
印刷速度（1分間）	30枚	40枚
費用（モノクロ1枚）	2円	1.8円
リース料金（月額）	5,600円	5,700円

- 導入作業は全て業者が代行、仕事が中断されるのは10分程度
- いまは5年リースの4年目、新規契約を結ぶとここから5年契約に

　このように相手が判断するのに必要だと考えられる情報をまとめます。文章を作って「これなら決断してもらえるだろう」と確信が持てたらメールを送りましょう。**会社は売上アップかコスト削減に関心があります。**提案は、このどちらかを論点にするのが定石です。

返事がないとき
催促はいつごろしたら
いいですか

　期限の日を過ぎても返事がないときは、すぐに催促しましょう。共通の認識である期日を過ぎているので「なんで催促されなければいけないんだ」と怒る人はいません。催促しても失礼ではないのです。かえってここで催促しないと、相手は次のように考える可能性があります。

①まだ余裕があるみたいだから、催促されるまで黙っていよう
②そこまで重要度の高いメールではないのだろう
③仕事を依頼したことすら忘れているなんてルーズな人だ

　自分のことは棚に上げて、相手のせいにして、自分にとって都合がいいように解釈してしまう可能性があります。多忙な相手に配慮して催促したい気持ちをこらえている、相手が忘れるはずがないと信じているとしても、その配慮や信頼が正しく伝わっているとは限りません。だからこそ、約束の日を過ぎていて遅れているなら、催促するのが一番です。

　締切を設定している仕事ならば、日付や時間で区切っているはずです。日付で区切っている場合は、翌日に催促します。相手の

始業時間が9時ならば、9時台には催促したいものです。仮に、7月10日（月）が期限ならば、7月11日（火）9時から10時までに催促します。これによって、相手も期限を越えてはいけないとわかります。催促するのが、午後になったり、翌々日7月12日（水）になったりすると「期限はあってもないようなものか」と思わせてしまうかもしれないので、それを防ぎます。

　もっと早くに催促したら、どうなるでしょう。7月10日（月）という期限は当日の定時までと考える人が多いでしょうが、ちょっと残業して20時くらいと考える人がいるかもしれません。このあたりの感覚は人それぞれなことからトラブルを生む可能性があるため、期限が日付の場合、当日の催促は控えたほうが無難です。7月10日（月）18時に催促したら「まだ期限を過ぎていない」「残業してやろうと思ったのに、こんなにすぐ催促するなんて不愉快だ」と感じる人がいるかもしれません。**メールの催促は仕事を円滑に進めるために行うものです**。角が立つような行為は慎むべきでしょう。

　以上のことから、締切は日付や時間をどのように設定するのか、パターンを決めておくと楽です。返事をもらって対応する日が決まっているならば、時間指定せず、その前日に締切を指定します。逆に、時間が決まっている場合は、時間指定で締切を設定します。

日付を指定しない依頼でも「このメールは5日で対応できるだろう」と予測して、その期日を越えたら、進捗を確認するメールを送ります。相手からの自発的な返事に期待するだけでなく、こちらから主体的に仕事をコントロールしていきましょう。

不快感のない
催促メールの書き方を
教えてください

　不快感のない催促メールを書きたいなら、逆説的ですが「不快感のある催促メール」について考えるのが近道です。要は、それをしなければ不快感が発生しないのですから。

　不快感が生まれる催促メールの条件について、次にいくつか書き出してみましょう。

●不快感が生まれる条件

- 高圧的である
- 一方的、決めつけている
- こちらに対する配慮や気遣いがない
- 自分の非を棚に上げている
- 催促の理由が書かれていない
- 読みにくい、わかりにくい

　たとえば「期限を越えていますので、早急にご対応ください」と書いた場合、決めつけになるかもしれません。それは、**相手がすでに返信しているけれど、こちらが見逃している可能性があるからです。もしそうなら、気まずい思いをするだけでなく、信頼を損ない、仕事にも支障をきたします。**返事がきていない原因は

さまざまなので、強い言葉で催促するのではなく「期限を越えているようですので、ご対応いただければ幸いです」のように、少しやわらかい言葉を使ったほうがよいでしょう。

　仕事は1人では完結しません。**ビジネスがうまく回るようにするには、相手あっての自分、そう考えての配慮が求められます。**「こちらの都合で恐縮ですが」「ご多忙のこととは思いますが」のようなクッション言葉を用いると、相手への気遣いや配慮を伝えることができます。

> こちらの都合で恐縮ですが、7月12日（水）17時までに
> ご対応いただくことは可能でしょうか。

　もし、こちらに非があって相手に無理を強いているときは、その点についてお詫びをしつつ、催促するのがよいでしょう。

> こちらの進行が遅くて、余裕のないスケジュールとなり、
> ご迷惑をおかけして申し訳ありません。
> こちらの都合で恐縮ですが、7月12日（水）17時までに
> ご対応いただくことは可能でしょうか。

　相手が期日を認識している前提で催促するので、強い言葉は控えて、感情を逆なですることなく、期限を越えていることを再認識させることができます。**相手が催促される常習犯ならば、電話で話をしたり、密なコミュニケーションをとったりするなどのフォローが必要です。**場合によっては、担当を変えてもらう、別の会社に依頼するなども必要になるかもしれません。

どうすれば伝わる
お礼メールになりますか

　仕事は人との協力によって成り立っています。お願いして、お願いされて、恩恵や利益を受けて、与えて、仕事は進みます。してあげたことがあれば、してもらったことが、たくさんあるでしょう。そこには必ず感謝の気持ちが伴います。**感謝の気持ちはコミュニケーションの潤滑油です。**きちんと伝えることができれば仕事にもよい影響を与えます。

　通常のメールは本題がほかにあって、お礼はワンクッションとして入れます。「**ありがとうございます**」をベースにして「○○**をしていただき、とても助かりました**」といった感謝の対象や相手の尽力によってもたらされた恩恵などを追加すると、場面に合った感謝の気持ちが伝わるでしょう。

　お礼することが本題のメールは「ありがとうございます」を書くだけでは足りません。次のような要素を盛り込みます。

- お礼の具体的な対象
- そこで得たもの、気づき
- 得たものをこれからどのように活用していくのか、決意
- 謝意と良好な関係への期待

　何かをしてもらったら、もらいっぱなしになっていませんか。仕事には、してもらって当然はありません。何かをしてもらったら、具体的に感じたことや考えたことを伝えましょう。フィードバックがあると、やった甲斐があったと相手も思うでしょう。

100名という大勢の前でお話しする貴重な機会をいただき、
ありがとうございます。
初めは不安でいっぱいでしたが、○○様のお力添えもあり、
やりとげることができました。
いままで忘れていたチャレンジ精神を取り戻すことができたと
確信しております。

　そのときを思い出せるような状況や感情を言語化して感謝を述べます。自分の内面や、その変化について触れるのもよいでしょう。この経験をどのように生かしていくのかを宣言します。

人前で話すことに苦手意識があり、いままでは避けていました。
しかし、これからは毎月1回このような場を作って
話す力を高めていきたいと思っています。
今回の経験が大きな転機となりそうです。
本当にありがとうございます。

　どのように生かしていくのか宣言して、その宣言を守り続けると、相手も機会を提供して本当によかったと感じるでしょう。そして、自分自身には確かな力がつきます。感謝は、言葉だけでなく、行動でも示して、伝えていくものです。
　最後に、次の機会を求めるような締め方をすることで好印象を与えつつ、次のチャンスにつなげることができます。

初訪問・名刺交換後、お礼メールで好印象にしたいです

　初めて接触した後に送るメールは、どんな印象を与えるかによって、今後の取引を左右する可能性もあるので、重要な役割を担います。「**メールを送るタイミング**」と「**メールに書く内容**」の２点が成否を決めます。

　メールを送るタイミングを外すと効果は激減します。「このたびはお時間をいただき、ありがとうございます」という言葉も、当日や翌日に言われるのと１カ月後に言われるのでは、どちらが感謝の気持ちが大きいと感じるでしょうか。考えるまでもありません。同じことを言うなら、早いに越したことはありません。それはメールも同じです。**内容以上にタイミングが大事だとわかります**。

　メールを送るタイミングは、当日の夕方あるいは翌日の午前中が妥当でしょう。相手も「いつ会った、誰なのか」を覚えています。これが数日経つと、すぐには誰だか判別できなくなるかもしれません。同じような業種の複数の会社と同時に面談していれば、１人１人のことを特別に覚えているのは難しいでしょう。さまざまな人と関わり合いながら仕事をしているので、いつどこで誰と何を話したのか、すぐには思い出せないのはお互い様です。

　だからこそ、**相手の記憶が鮮明なうちに、会ったらすぐにメールを送りましょう**。面談後にお礼を兼ねたフォローメールを送る時間を確保しておけばスムーズです。

　メールを送る目的は、お礼を伝えることか、次の行動への布石を打つことか、それによって論点が変わります。たとえば、**要望を聞くために面談したのであれば、そこに対するお礼を論点にするべきです**。面談からどのような気づきがあったのか、どう貢献できそうか、最大限の言葉を使って感謝を伝えます。

　ここに具体性を持たせると効果的です。どのような要望をもらったのか、どのような改善につなげていけそうか。いまの課題や今後の展望を書くことで唯一無二のメールを作ることができます。具体的であればあるほど、相手は面談に価値を感じます。

　では、次の行動への布石を打つメールの場合はどうでしょうか。営業の場合は、再度の面談、見積書の提出、提案書の提出など、進むべき道があります。単なるお礼メールではなく、目指すゴールへの布石を打つ必要があります。

　たとえば、営業の面談であれば、その場で宿題をもらって、いつまでに回答すると宣言します。宿題がもらえなかったら「○○について調べて、ご報告します」と自ら宿題を作って約束します。

　お礼メールでは、宿題の内容と次のアクションを示します。お礼と同時に宿題の回答が出るなら仕事の早さに一目置かれるでしょう。**回答に時間がかかるときは回答期限を添えて次のメールを送りやすくします**。ゴールテープを切るためにバトンを渡す役割を担っているのが布石を打つメールです。どうしたら次の行動につなげられるのかを考えて送りましょう。

相談メールの書き方を教えてください

　相談とは、意見を求めたり、話し合ったりすることです。それをメールで行うときのゴールは、**正しい判断をすることにあります**。判断するための材料を集めて、どのように相談するかによって、相手からのフィードバックは変わります。フィードバックが変われば、判断にも影響が出ることは言うまでもありません。**適切なフィードバックをもらうためにも、相手が答えやすいように聞けるかどうかが肝になります。**

　「何かアドバイスをいただけませんか」では有効なフィードバックはもらえません。相手に丸投げしているようで、何を聞きたいのかわかりません。そんな聞き方をしておいて、もらったアドバイスに「それ、私も考えていました。ほかに有益なアドバイスはありませんか」なんて聞き返したら、相手が激怒することは目に見えています。相談するときは、次の3点も一緒に伝えます。

①**これまでの経緯**
②**判断や検討に必要な材料**
③**自分が何を考えているか・どうしようとしているか**

　相談するに至った経緯があるはずです。**相手がいることなら****ば、互いの発言やメールのやりとりが手がかりとなります。**どこにボタンの掛け違いがあったのかもわかるかもしれません。

　次に、判断に必要な材料を準備します。**判断や検討するのに必****要な材料をそろえておかないと、1つの事象だけを見て、偏った****結論に至ることもあります。**相談された相手の判断が狂う可能性もあるでしょう。関係する課題、対応の選択肢、コストや時間の程度、メリットやデメリットなど、判断するためには情報が必要です。

　集めた材料をもとに自分の考えや意見も伝えます。**当事者とし****て責任を持って物事に取り組み、誠意を込めて相談していること****をわかってもらうことも大切です。**

以上のことより、私はこの案件を受けたほうがいいと考えております。
ただ、本当にこの考えでいいのか確信が持てません。
お手数をおかけして恐縮ですが、アドバイスをいただければ幸いです。

　懸念点や、何にアドバイスが欲しいのかも書きます。自信がない、不安がある、判断に迷う、背中を押してほしい、同意を得たい、抜けている箇所がないか確認したい、といった意図を伝えることで有益なアドバイスを引き出せます。相談に乗るのも時間がかかります。**相手の時間をもらうことに変わりはないので、意味****のある相談をしましょう。**それは目的を持った相談でなければなりません。

誤字・脱字があった場合、訂正や謝罪は必要ですか

　誤字・脱字は極力なくしたいものですが、人間がやることなので、どこかでミスが起こるのは仕方がないものです。

　誤字や脱字を訂正したメールを再送したい気持ちはわかりますが、再送することで相手は煩わしさを感じる可能性があります。たとえば「ご教授ください」と書いたけれど、後になって「ご教示」が文脈として正しいと気づいたとします。その際、次のような一言を添えてメールを再送したらどうでしょうか。

> 先ほどのメールは「ご教授」ではなく「ご教示」でした。

　どちらであっても、相手は書き手が伝えようとしている文章の意味を読み取れます。**言葉の選択ミス程度であれば謝罪や再送は不要でしょう。**相手もケアレスミスだとわかっています。謝罪されないからといって失礼だとも思いません。かえって、メールを再送することで確認するものが増えて、むしろ迷惑と感じる人もいます。些細な誤字なら、訂正も謝罪もいらないと考えます。

　訂正して謝罪を添えた再送が必要なのは、相手が不快に思ったり、誤解したり、意味を取り違えたりしてトラブルになるときで

す。具体的には次のようなケースが考えられます。

- 転送などで、そのメールが拡散される可能性がある
- 会社名や個人名などが間違っていて相手が不快になる
- 商品名や日付、金額、数量などが間違っていて処理の際にトラブルになる
- 誤字・脱字によって意味が通じなくなる

　通達のようなメールは、そのまま各部署に展開されることもあります。**誤字があるメールが広がるのは避けたいところです。**一言お詫びを添えて、再送しましょう。

　会社名や個人名など固有名詞を間違えたときも、再送したほうが無難です。その際、次に送るメールで「先ほどのメールでは、お名前を間違えてしまい大変失礼いたしました」のように詫びればよいでしょう。**相手に迷惑をかけたわけではなく、失礼な行為を詫びる状況なので「大変申し訳ございません」よりも「大変失礼いたしました」のほうが適しています。**

　日付、金額、数量といった情報に誤りがあると、その後の取引に支障をきたす可能性もあります。10個の注文なのに100個と書いてしまったら、その後にどんなトラブルが起こり、解消するのにどれほどの手間がかかるのかは、火を見るよりも明らかです。

　変換ミスで「ありがとうございまs」のように書いてしまった場合は、再送しなくてもわかってもらえるでしょう。しかし、「ありgとうgざいms」のように**原形を留めない文章になってしまっているならば、訂正したほうがよいといえます。誤変換や誤入力の程度によって判断します。**

相手の希望に沿えず
お詫びする際に、
失礼をなくしたいです

　相手の希望を叶えることができずに申し訳ない気持ちを伝えるのに「このたびは大変申し訳ございません」のような言葉だけでは足りないときがあります。「**もっと寄り添ってほしい**」「**希望を叶えてほしかった**」といった相手の思いを無視しては、**心の通ったコミュニケーションができません。**

　希望を叶えられなかったのであれば、そのことについて触れたうえで、お詫びします。相手の感情への配慮が必要です。

> このたびはご期待に沿えない結果となり、
> 誠に申し訳ございません。

　まずは自分が思っていることを、そのまま文章にします。これで「期待に沿えなかったことに対して申し訳なく思っている」という事実を伝えることができます。

　相手はここに至るまで、時間をかけてくれたり、社内の根回しなどで骨を折ってくれたりしたかもしれません。その場合は「**相手がしてくれたこと**」「**相手が苦労してくれたこと**」「**相手が思っているであろうこと**」を具体的に書き出して、どこに触れたら相

手に響くのかを考えます。

　たとえば、相手がたくさんの資料を集めて、こちらが有利になるように取り計らってくれたのに、こちらの詰めが甘くて期待に沿えなかったならば、その点に触れます。

> このたびは、事前にたくさんの資料を集めていただいたのに
> 皆さまにご納得いただけるような提案ができず、申し訳ございません。

　あるいは、相手が社内で根回しをして、賛成意見を通そうとしてくれていたけれど、こちらの力不足で期待に沿えなかったのなら、素直にその点をお詫びします。

> このたびは、多くの方に働きかけ、根回しをしてくださったのに
> ご期待に沿えない結果となり、誠に申し訳ございません。
> 完全に私の力不足でございます。

　相手がしてくれたことを具体的に言語化して、お詫びをしましょう。**言葉にするスキルは本当に大切です。**

　お詫びの文例集は参考になりますが、一般化した場面でしか役に立ちません。個々の場面では、使い物にならないことも多いのです。たとえば「このたびは、ご尽力いただき誠にありがとうございます」という、さらっとした1文で終わっていたら、感謝の気持ちは伝わるけれど不十分な印象です。相手は「冷たいなぁ」「仕事をしたいという熱意は、その程度だったのか」と感じるでしょう。**決まり切ったフレーズだけでは乗り切れないのがお詫びのシーンです。**その場に応じた言葉を見つけていきましょう。

メールで重大なお詫びをする際は、どう書いたらいいですか

　重大なお詫びは、真っ先に電話で伝えたほうがよいでしょう。相手は状況や原因を詳しく確認したいかもしれません。メールだと事態を軽んじていると受け取られる可能性もあります。どんなに誠意を持って対応しても、手段を選び間違えるとトラブルを招きます。

　メールは相手がいつ読むかわかりません。送信と確認の間にタイムラグがあります。すぐにメールを送っても、相手は気がついていなくてひたすら連絡を待っていたら、互いに何も手を打てず、状況が悪化の一途をたどる可能性もあります。**相手にストレスを与えないためにも、これ以上、印象を悪くしないためにも、まずは電話での対応が一番です。**

　そのうえで、相手が電話に出られず、留守番電話や代わりの人に伝言を残したときは、メールも送ります。伝言がいつ伝わるかわからず、先にメールを読むかもしれません。**事態を報告するのを急ぐべきなので、あらゆる可能性を考慮して、順番を間違えることなく、速やかに対応しているという事実を残します。**メールでは、その前に電話をかけていることを必ず書きます。

　メールでお詫びをする際、一般的に入れるべき情報は必須で、

そのほかの情報は状況に合わせて判断します。たとえば、家を購入したお客さまから、給湯設備が不調だと連絡があり「今後、給湯設備を設置する際には、そのようなトラブルがないよう再発防止を徹底いたします」と返事をしたら、どうでしょうか。相手からすれば、二度と給湯設備を買うことがないのに再発防止を宣言されても違和感しか残りません。**相手の心配や関心がどこにあるのかによって、触れるべき内容は変わります。**

　次のように論点を絞り、メールに入れるべき要素を整理しましょう。

- **コストを意識しているお客さまにはコスト**
- **納期を意識しているお客さまには納期**
- **今後の安全性を意識しているお客さまには安全性**

●**お詫びメールの構成要素**

- お詫びの言葉
- 現状の報告（何が、どうなっているのか）
- 原因（なぜ、そうなったのか、その可能性）の説明
- 今後の見込みや対応策、懸念事項の説明
- 再発防止の宣言

　お詫びをするときには、自己保身の言葉や相手を責める言葉を使わないようにします。運が悪かった、たまたま、といった言葉も相手の神経を逆なでする可能性があります。お詫びメールのゴールは、相手に納得してもらい、信頼を取り戻し、取引を正常な状態に戻すこと。**そのためには、謝罪を受け入れてもらう、今後の対応に期待してもらうなどの反応を得たいところです。**

上司の依頼を断るメールはどう書いたらいいですか

　断るのは、誰に対してもハードルが高いものです。まして相手が上司となれば書き方に迷う人は多いでしょう。とはいえ、相手が誰であっても断る際のポイントに変わりはありません。上司と部下という関係にあるからといって特別なことが必要というわけでもないのです。

　理由があって断らざるを得ないことは誰にでもあります。断ることは、悪いことではありません。ただ、相手は希望や要求を受け入れてほしいと期待しています。その期待に応えられないことが断るということなので「できません」と言うだけでは不十分です。**相手の気持ちを理解して、こちらの結論を伝え、しっかり考えたうえでの対応だと思ってもらう必要があります。**

　まずは、**間髪を入れず断るのは避けましょう。**しっかり考えたと思ってもらいたいのに、メールが届いて数分後に断ったらどうなるでしょうか。「早すぎる」「検討していない」「軽く見られた」「適当だ」と思われるのは言うまでもありません。

　次に、**断る場面によって文面や対策を変えます。**資料の作成、何かしらの調査、作業の代行など、上司からの依頼はさまざまです。基本的に、断る理由は「期日に間に合わない」ときだけ。「自

分は適任者ではない」などの判断はあるかもしれませんが、上司
の判断で依頼されたことは業務の範囲内です。

　時間がとれず、期日に間に合わないから断るとき、次のような
書き方をしたらどうでしょうか。

業務が立て込んでおり、お引き受けすることができません。

　このメールを読んだ上司は次の2つの疑問を抱くでしょう。

① なぜ、いまできないのか
② いつだったらできるのか

　業務が立て込んでいるのはわかったけれど、作業の優先順位を
調整できないのか、優先順位を調整できないなら、いつならでき
るのか。上司が知りたいのは「どうやったらできるのか」です。
**対応するのに必要な条件や事情を伝えれば、上司も判断ができま
す。**

本日は○○の資料作成があり、お引き受けすることができません。
こちらの資料の提出期限を延長していただけるならば、対応可能です。

本日は○○の資料作成があり、お引き受けすることができません。
提出期限を10月20日（金）まで延ばしていただけたら対応可能です。

　上司も部下の全ての仕事を把握しているわけではありません。
いま行っている業務と期限を伝えれば、適切な判断を下してくれ
るでしょう。

どうすれば
伝わるお断りメールに
なりますか

　何かを頼まれて断るとき、そこには必ず理由があります。**お断りメールを書く前に、どうして断りたいのか、理由を明確にしましょう。**そして、断った後、相手とどのような関係でいたいか。**理由と関係をセットで考えます。**断る理由と築きたい関係によって書き方が変わります。

　お断りメールもコミュニケーションの1つなので、ゴールに向かって送るものです。このときメールの方向性は「関係を切りたい」「良好な関係を継続したい」の2つあります。

　営業電話に出て「ご案内は結構です。今後もこのような電話は不要です。リストから削除してください」と断るのと同じように、面識のない相手から一方的に届く迷惑な営業メールであれば、強めに断ることがあるでしょう。角が立たないようにと、断っているのかわからない言い回しをすると、依頼する予定がないのに営業活動は継続されます。メールがたくさん届いて、その都度返信して、時間を奪われることにもなりかねません。**相手の期待に応えられないのであれば、毅然とした態度で断るのが、相手への誠意でもあります。**断るフレーズには次のようなものがあります。

●断るフレーズの例

お断りいたします。
お引き受けいたしかねます。
ご期待に添えず申し訳ございません。
お役に立てず申し訳ございません。

　**期待をさせないように断るといっても、最低限の礼儀は必要で
す。**頼りにしてくれたことに対する感謝は不可欠です。ここで本
筋から外れた話題を持ち出すと、返信が届いてメールのラリーが
続きます。次のように、返信がこないような書き方をします。

> このたびは、ご提案いただき、ありがとうございます。
> 社内で検討した結果、導入は難しいとの結論に至りました。
> 大変恐縮ですが、ご理解いただければ幸いです。

　**関係維持が前提の場合は、断る理由を具体的に伝えることで、
今後の新たな提案につながるでしょう。**相手は提案のヒントが得
られます。条件が変われば交渉の余地があるときは「○○ならば
導入可能」という答えを伝えてもよいでしょう。開示する情報の
内容と量で、関係を続けたいという気持ちが伝わります。

> 納期があと1日縮まればお願いしたいのですが、いかがでしょうか。

> 他社の見積もりで単価15円があり、社内では検討基準になっています。
> 下回る価格でお見積もりいただければ、貴社にお願いできそうです。

ネガティブな内容の
うまい伝え方は
ありますか

　メールの導入部では、要旨やテーマを明確に伝えて「いまから
メールで○○について伝えます」と宣言します。宣言することに
よって読み手はメールの全体像を把握でき、内容を理解しやすく
なります。

　メールで伝えるのはポジティブな内容ばかりではありません。
ときにはネガティブな内容を扱うこともあるでしょう。そこで
「いまからメールでネガティブな内容を伝えます」と宣言した
ら、相手は身構えることが目に見えています。

　そのため、**ネガティブな内容を扱うときは、いきなり本題に入
らず、段階的に伝えます。**たとえば、値上げの連絡する際に、次
のように書かれていたら相手はどのように感じるでしょうか。

このたびは値上げのご相談でメールをお送りしました。

　確かに用件は明確ですが、メールを読むモチベーションは下が
ります。値上げの承諾を求められると予測され、読み手にとって
はマイナスな情報なので、読むのが負担と感じます。

　ネガティブな用件を伝える場合は、本題に入る前にワンクッ

ションが必要です。**日ごろの利用や協力に対する感謝を伝えるのも有効です。**感謝から入ることで、相手の気持ちをやわらげることができ、心の準備をさせる間を与えます。

いつもご支援いただき誠にありがとうございます。
おかげさまで、当サービスも 10 年目を迎えることができました。

　相手も感謝を伝えることだけが用件だとは思わないでしょう。ここから話の本題に入ると予測します。**普段のメールにはないワンクッションがあると「集中して読み進めよう」という姿勢にさせることができます。**

　ネガティブな情報を伝えるときに、嘘をつくことは避けたほうがよいです。嘘は、いつか露見する可能性が高く、露見したときに大きなマイナスになります。嘘をついても知られることになるという前提でコミュニケーションをとったほうがよいでしょう。

　ネガティブな情報を伝えるときに必要なのは誠実さです。初めは相手の怒りを買うかもしれませんが、長い目で見たら正しい選択だったとわかってくれるはずです。

　最終的には現状に対する理解を求めることで、協力者となってもらえる可能性があります。ここでも具体性が求められます。

　「弊社でもできる限りの努力をしましたが」という文章よりも「新たな仕入れ先を探して20社と商談をしましたが」のほうが具体的で、努力の跡を垣間見ることができます。**相手にネガティブな情報を受け入れてもらうためには、それに足るだけの努力をしたと伝え続ける必要があります。**

苦言を呈したいときは
どう書いたら
いいですか

　仕事をしていると、相手に注意をしたり、行動をあらためるようにうながしたりするなど、何らかの苦言を呈するような場面に出くわします。

　重大なものであれば、相手の反応を確認しながら伝えられる電話や対面がよいですが、ちょっとした注意や軽度から中度の苦言なら、メールを使うことのほうが多いでしょう。電話や対面だと本気であることは伝わるけれど、直接言うとかえって角が立ちそうだからとメールを好む人もいます。

　まず、苦言を呈するメールのゴールは「行動をあらためてほしい」または「注意深く対応してほしい」などが考えられます。

　注意をうながすメールは、普段よりもかたい言葉のほうが適しています。たとえば、次の文章の中で一番困っていると感じるのは、どれでしょうか。

急な日程の変更に驚いています。
急な日程の変更に困っています。
急な日程の変更に困惑しています。

「驚いています」は比較的、普段使いの距離が近い言葉です。「困惑しています」というのは普段使わない言葉で、相手も襟を正して聞くと思われます。**苦言を呈するようなときも、使う言葉によって伝わり方が異なるのです。**迷惑を被っているようなときは、ほかに次の言葉が使えます。

業務に支障をきたしております。
善処をお願い申し上げます。
ご注意ください。

　こうして注意をしても相手が動いてくれないならば、さらに強い言葉で意見します。

　外交などで使われる「遺憾」という言葉は「期待したようにならず、心残りであること。または、残念に思うこと」を意味します。**遠回しにも感じる言葉なので、相手を非難するときに使うと、意味が正しく伝わらない可能性があります。**強弱が正しく伝わらなさそうなときは、使わないほうがよいでしょう。

　さらに強い注意をするならば、次のような言葉があります。

この状況は受け入れがたいです。
しかるべき措置を検討いたします。

　「しかるべき措置」が法的措置なのか取引停止なのかは場面によって変わりますが、この言葉を使うと本気度が伝わるでしょう。

第4章

効率化の工夫をする

日々膨大な量のビジネスメールに対応する
ためには、時間短縮・ミス防止による効率
化が欠かせません。効率を上げるための基
本事項を身につけましょう。

メールに費やす時間を
減らしたいです

　メールに費やしている時間は、読んだり、書いたりしている時間だけではありません。メールを検索したり、消したり、整理したり、テンプレートを作ったり、そのような時間も全て処理時間に含まれます。

　メールの処理時間を減らしたいなら、まずは自分がどのくらいの時間をかけてメールを使っているのかを測定しましょう。

　一般社団法人日本ビジネスメール協会が行った「ビジネスメール実態調査2022」によると、次のような結果が出ています。

- 1日に送信しているメールは、平均 16.27 通
- 1日に受信しているメールは、平均 66.87 通
- メールを1通読むのにかかる平均時間は、1分24秒
- メールを1通書くのにかかる平均時間は、6分5秒

　単純に、送受信の通数と、読み書きにかかる時間を計算すると、1日のメール処理にかかる平均時間は3時間12分36秒となります。メールと向き合いながらアイデアを出したり、アドバイスを考えたり、指示を出したりして仕事を進めていると考えても、膨大な時間をメールに費やしているといえます。

　メールの処理時間を減らそうと一口で言っても、どこから手をつけていいのか、わからないかもしれません。そんなとき、まず考えていただきたいのは次の4つのポイントです。

①メールの受信通数を減らせないか
②メールを読む時間を減らせないか
③メールの送信通数を減らせないか
④メールを書く時間を減らせないか

　メールの通数を調べて、どのようなやりとりが発生していたのか、その内容を確認します。無駄なメールを送っているかもしれません。相手が読みやすいメール、処理しやすいメールを書けていれば、時間短縮ができたものもあるでしょう。

　自分のメールをたまに見返し、①〜④のいずれかできることはなかったかを振り返るだけでも、時間短縮に一歩近づけます。

　④のメールの作成時間を課題にあげる人は多いですが、これは「考える時間」「入力する時間」の2つの削減が必要です。考える時間については、ビジネスメールに関する書籍をたくさん読んで、どう書けばいいかを学ぶことが解決策の1つです。入力する時間については、本書で解説する、単語登録やテンプレートを活用することでも解決できます。

　仮に、1日12通のメールを書いている人が、1通につき10秒削減できたとしましょう。**1日でたったの2分だと思うかもしれませんが、1年に換算すると1日の営業時間にも匹敵します。**だからこそ、1通数秒でも減らすように取り組んでいくべきなのです。

よい文章を考えるあまり、時間がかかってしまいます

「よい文章を考える」というのは、あくまでもプラスアルファの部分です。優先順位はそれほど高くありません。メールが合格かどうかを決めるのは、次の2つです。

①伝わる
②不快感がない

伝われば相手は動いてくれます。そして、不快感がなければ、仕事はこれからも円滑に進んでいくでしょう。このようなメールが書けるようになった人は、次は何を意識するべきか。それは、気遣いではなく、スピードです。

③スピード化

気遣いから取り組むと時間がかかってしまいます。全体的な生産性も落ち、処理できるメールの量が減ったり、処理に時間がかかり残業が増えたりします。伝わる、不快感のないメールを速く書けるようになって、余裕が出てきたら、次の段階に進みます。

④語彙力を磨く

⑤気遣いを盛り込む

　この2つは同時でもいいのですが、最低限のことができてから
です。伝わるメールが書けないのに、語彙力や気遣いの力を磨い
ても空振りに終わります。

　言葉を磨いても伝わらない経験をすると「語彙力が足りない」
と誤った原因を見つけて取り組んでしまうのです。メールがうま
い人は、文章力や語彙力があるだけではなく、何をどう伝えたら
伝わるのかのポイントがわかっているのです。そのうえで、文章
力や語彙力を生かしています。

　伝わるメールを書く人は、抜けもれなく情報をまとめて、構成
する力があります。そのメールを読めば、文章がうまいと感じる
よりも、わかりやすいと感じることのほうが多いでしょう。

　①～③を意識して改善に取り組めていれば、1日10通、20通書
いても、どんどん対応できているはずです。**そこまで余裕が生ま
れたら、語彙を増やして、読みやすいメールへと進化させます。**
気遣いを盛り込んで、円滑なコミュニケーションへと工夫は続き
ます。

　そして、①～⑤のブラッシュアップを続けましょう。メールが
うまいと言われるような人たちも、言い回しを考え、伝わるメー
ルを模索しています。メールのスキルアップにゴールはありませ
ん。

フォローメールを
効率よく送る方法は
ありますか

　すでに行ったことを補足したり、物事がうまくいくように助けたり、問題が起きるのを防いだり、その後どうなったかを確認したりするために、メールを送ることがあります。**1本のメールが、仕事を円滑に進めるのに役立ちます**。こうしたフォローのメールはプラスアルファの一手間です。送らなくても仕事は進んでいきます。しかし、送って事態がプラスになるか、マイナスになるかというと、変わらないかプラスになるかしかありません。フォローメールを送ってマイナスになるならば、よほど内容に問題があるといえます。そうした例外を除けば、フォローメールは送るべきものです。

　面談の前のリマインダメール、面談の後のお礼メール、返事がないときの確認メールなど、メールでフォローできる場面は案外多いもの。手が空いたり、問題が起こったりして初めて対応を考えていませんか。「今日はちょっと暇だからメールでも送ろうか」「返事がないし、かなり間も空いたからメールを送ろうか」と場当たり的な対応はお勧めできません。思いつきの動作は時間を奪い、仕事の精度が落ちます。**スピードと質を上げようと思ったら、すべきことを安定して続けて、そこに対して検証を重ねるの**

が最も効率的です。

　フォローメールは必須ではないので、後回しになりがちです。送らなくてはならないメールが多ければ優先順位を下げてもいいと、自分を説得してしまうのです。フォローメールは未来の自分を助けるメールです。**送ったほうがいいのは明らかなら、タスクとして定めて時間を確保しておけば、後回しにもできません。**

　時間がないことを理由にしないように、フォローメールを送る時間をあらかじめ確保します。目の前にタスクとして控えているので、送ったほうがいいのかと悩む暇はありません。これによって効率が格段に上がります。

　フォローメールはシーン別にテンプレートを用意します。案件ごとに一部を書き換えれば、さまざまな相手に使えるでしょう。同じ相手に同じフォローを何度もすることは少ないので、書き換える箇所は一部で済みます。

　フォローメールは使い勝手のよい場所に保管します。全てのテンプレートを格納するテンプレート専用のフォルダーを作り、その中に「面談お礼」「リマインド」などのテーマ別フォルダーを作って、テンプレートを入れます。

　業務管理のフォルダーの中に、テンプレートを格納するフォルダーを作るのも有効です。たとえば、セミナー運営に関するデータを格納するフォルダーがあるとします。セミナーの名簿や資料を確認するために、頻繁にそのフォルダーを開いて仕事をしているならば、セミナーの参加者に送るメールのテンプレートも、このフォルダーの中に格納しておきます。何かの動作のついでに関連する作業も行えば効率がよく、フォローが習慣化されます。

効率的にテンプレートを使うための判断基準はありますか

　テンプレートを使うことで、メールの作成速度を飛躍的に高めることができます。テンプレートは「ひな形」と呼ばれることもありますが、どちらも同じ意味です。**完成した文書ファイルを呼び出し、それをベースにメールを作成します。**

　テンプレートを使うメリットには、次のようなものがあります。

①文章の質が維持できる
②メールの作成時間が削減できる
③誤字・脱字などが減る

　完成しているメールの一部を修正するだけなので、情報の抜けもれがなくなり「どのように書いたらいいか」と迷う箇所も減り、誤字や脱字を減らせるのです。一からメールを作成するのに比べると、かかる時間を大きく短縮できます。**テンプレートはテキストエディター（メモ帳など）を使って作ります。**

　Microsoft Wordなどの文書作成ソフトウェアで作ったファイルには、フォントの種類、文字サイズ、色などの書式にまつわる

情報も含まれます。**その作ったテンプレートをメールに貼りつけたら、そこだけフォントが変わってしまうこともあります。**

　一方、テキストエディターは、単純な文字情報で構成されています。しかし、コピーアンドペーストしたときに、Outlook は貼りつけ先の書式が反映され、Gmail は標準のフォントサイズが適用されます。そのような理由からも、テンプレートをHTML型式で作るならばフォントに違いがないか細心の注意を払う必要があります。

　テンプレートを使うべきか、使わずに毎回一から書くべきかで迷う人もいるでしょう。**判断基準の１つが時間です。**テンプレートをたくさん作ると、探すのに時間がかかります。テンプレートを探す時間に加えて、修正する時間も含めてメールの作成時間と捉えて、一からメールを作成するのにかかる時間と比較してみましょう。

　また、テキストエディターで保管する以外にも過去のメールを再利用するケースもあります。ここにも、自分なりの判断基準を持っておく必要があります。

　送信トレイ内で検索して、目当てのメールを見つけたけれど、思ったものと違ったので、近い何通ものメールを目で見て確認する。**常にメールを検索するタイプの人は、ここで大きなロスが生まれていることに注目すべきです。**完全に同一の内容のメールを送る場合は、過去のメールを探すのが速いかもしれません。しかし、毎回、微調整して、手を加えなければならない内容の場合は、元となるメールのテンプレートを作っておくべきです。**過去のメールを探す時間とテンプレートを探す時間を比べれば、テンプレートを探すほうが速いでしょう。**

効率的にテンプレートを使うためのフォルダーの分け方を教えてください

　　テンプレートに適したメールは、何度も送るような内容のメールです。月に1度は送ることがあるメール、定期的に送るメール、よく送る内容のメールは、テンプレートとして保管してもよいでしょう。

　たとえば、次のようなものが該当します。

●テンプレートの例

> ・日程調整をお願いするメール
> ・会議の招集・議事録メール
> ・面談のリマインダー・お礼メール
> ・業務日報メール
> ・請求・見積もりメール
> ・問い合わせの対応メール
> ・配送の遅延・配送日時を知らせるメール
> ・振込依頼・入金催促・入金のお礼を伝えるメール

　テンプレートを使うと、相手は「テンプレートだな」と気づきます。それは悪いことではありませんが、テンプレートだと思われても問題のない内容をテンプレートにするのがポイントです。

　テンプレートでメールがくると「きちんと対応してもらえてい

ない」「機械的な対応だ」と感じる人がいます。日報や入金のお礼メールなどは機械的であっても、マイナスな印象にはならないでしょう。一方、面談のお礼メールがテンプレートっぽい文面で、しかも毎回同じだと、どうでしょうか。お礼の気持ちは感じられず、状況を考えずに処理されているようで不快感を覚える可能性があります。

テンプレートを使うことでマイナスな印象を与えないか、これもテンプレートを使うかどうかの判断材料の1つです。

必要なテンプレートは人それぞれです。**まずは自分にとって何が必要かを考えます。**そして、作ったテンプレートはフォルダーに入れます。「テンプレート」と書かれたフォルダーで管理してもよいでしょうが、テンプレートが10や20と増えると、フォルダーの中で必要なテンプレートを見つけるのが大変になります。

数が増えたら、フォルダーを業務やテーマごとに階層化してテンプレートを管理するのがよいでしょう。たとえば「社内」「社外」のように対象や「営業」「広告」「セミナー」「社内報告」のように業務などを切り口にして整理します。

たくさんのテンプレートがフォルダーに入っていたら、メンテナンスが必要です。**100%不要だと断言できるものは、即座に消去します。いつか使うかもしれないテンプレートは「念のため保存」「ゴミ箱」「頻度低」のようなフォルダーを作って、一時保管します。**間を空けてチェックして、まったく使っていなければ削除します。日常的に使うテンプレートは常に目に触れる場所に保管して、滅多に使わないテンプレートは隔離して、定期的に必要か不要かを判断することで、使い勝手のよいテンプレート管理ができるようになります。

誤字・脱字をなくす方法は
ありますか

　誤字・脱字があるのは仕方がないことです。だからといって、誤字・脱字だらけでいいというわけでもありません。できるだけ誤字・脱字をなくす心構えが大切です。

　しかし、何度も読み直して誤字や脱字を探して徹底的に潰すとなると、時間がかかり生産性が下がるでしょう。**誤字や脱字を完全になくすことを目指すのではなく、許容できるものとできないものに分けて考える必要があります**。効率よく誤字・脱字を防ぐには、確認する箇所を絞るのがポイントです。

　次の2箇所を重点的にチェックします。

①誤字・脱字により不快感が生まれる箇所
②誤字・脱字により仕事に支障をきたす箇所

　不快感を生む代表格は、相手の会社名、個人名、製品名などにまつわる誤字・脱字です。間違えないためには、相手のメールのコピーアンドペースト一択です。相手のメールに書いてあるものを使えば間違いありません。

　新規のメールを作成する際は、相手の会社のウェブサイトを見

て、会社名や製品名はコピーアンドペーストします。個人名は手入力することになるでしょうから、間違いのないよう慎重に。

業務に支障をきたす誤字・脱字の代表格は、日付や数量、金額などの数字です。面会の日付を間違えたらトラブルにつながります。よくあるのが、別の月のカレンダーを見ながら、アポイントメントをとってしまうケース。5月の面会の約束なのに、6月のカレンダーを見ているのです。**うっかりミスですが、日付と曜日をセットで書けば防げます。**

面会の日付と曜日が異なっていたら「あれ、おかしい」と相手が気づいて、確認のメールを送ってくるはずです。**相手がチェッカーとなり、行き違いを防ぐことができます。**日付の間違いを指摘されるのと、日付を間違って面談に向かってしまうのは、どちらが大きな問題になるでしょうか。考えるまでもありませんね。

数量や金額などの数字は、間違っていないか、相手は判断がつきません。**相手のダブルチェックを期待できないので、自分で何度もチェックするしかありません。**金額は、手で入力するのではなく、Excelやウェブサイトに表示している価格をコピーアンドペーストするのがよいでしょう。**とにかく、間違ってはいけないものはできるだけ手入力しないというのが重要です。**どうしても手入力が必要な場合は、3桁ごとにカンマ（,）を打つなどの対応がミスの予防につながります。

ほかにも、よく使う名称や言葉などは、単語登録しておきましょう。これによって、誤字・脱字を防げます。**メールを何度も推敲して時間をかけるよりも、ミスが起こりにくい仕組みを作ることが後々、自分を守ります。**

ミスなく入力速度を
上げる方法を
教えてください

　ミスなく入力速度を上げたいなら「単語登録」を徹底して使いましょう。単語登録とは「辞書登録」とも呼ばれる機能で、ある特定の「よみ」で「単語」を呼び出すものです。

　一発で変換できない名前を登録するときなどに使われます。最近では、当て字など難しい名前も多いので、そういった人がいるときには登録しておくと重宝するでしょう。著者の名前は「友朗」と書いて「ともあき」と読みます。「ともあき」と入力しても変換候補に「友朗」が出てこないので単語登録しています。

　単語登録の機能を短縮読みとして使うこともできます。たとえば「いつも」と入力して変換を押したら「いつも大変お世話になっております。」が表示されるよう設定しておくのです。

　ローマ字入力の場合は「itumotaihennosewaninatteorimasu.」と打ちますが、1文字でも間違えると正しく変換されません。キータッチに慣れている人でも、これだけの文字量を打てば1文字くらいタイプミスが起こる可能性があります。挨拶や名乗りを書くのに「打ち間違いがないように」と神経を使っていると、本題でミスするかもしれません。それなら、**挨拶や名乗りは単語登録してミスを防ぎ、本題に意識を集中させるのがよいでしょう**。

　挨拶や名乗りの単語登録で節約できるのは5〜10秒程度なので、時間短縮に意識が向いていない人は単語登録の必要性を感じず、毎回同じ単語を何の疑いもなく入力し続けています。しかし、この10秒を侮ることなかれ。1日12通メールを書いているならば、1通当たり10秒の節約は120秒（2分）を生み出します。**これが1年続くと1日の業務時間分くらい削減できるのです。**

　繰り返しの作業をどこまで単純にできるか、本来時間を投資すべきところにその時間を割り振れるかが、効率化の肝になります。単語登録は両方の問題を解決します。単語登録に適しているのは次のようなものです。

●単語登録の例

- 定型の挨拶
- 入力が面倒な固有名詞
- 入力頻度が高い固有名詞
- 電話番号、住所、メールアドレスなど頻繁に入力する項目

　挨拶はイメージができると思いますが、メールアドレスは意外かもしれません。問い合わせや申し込みなどのフォームにメールアドレスを入力することがあるでしょう。その入力したメールアドレスを間違えている人が一定数いるのです。**メールアドレスを単語登録しておけば、呼び出すだけなので、かかる時間はほんの数秒です。**

　単語登録をしていない人は、30〜60分を確保して、徹底的に登録しましょう。初めのうちは、単語登録の画面を開いたままにして、都度、登録してもいいかもしれません。すでに単語登録をしている人は定期的にメンテナンスをして環境を整えましょう。

第5章

臨機応変に対応する

イレギュラーの場合や相手の都合などによっては、臨機応変な対応が必要です。良好なコミュニケーションのための基本事項を身につけましょう。

受信者が複数いるとき
「全員に返信をしてください」
と書くのは失礼ですか

　メールの受信者が複数いるときは「全員に返信」するのが原則です。送信者と受信者の間で共通の認識があれば「全員に返信をしてください」と書かなくても全員に返信がくるでしょう。しかし、全員に返信がされないときは「全員に返信してください」と伝えなければわかってもらえません。**「全員に返信」することを求めるのは、失礼ではありません。**

　返信には「返信（送信者にのみ返信）」と「全員に返信」の2つがあります。「返信」を押せば、送信者へのみ返信が届きます。「全員に返信」を押せば、送信者と受信者全員に返信が届きます。

　受信者が複数いるのにTOの人が「全員に返信」しないと、共有もれが発生します。返信をもらった元の送信者が、都度、転送して必要な相手に共有しなければならず、非効率です。

　「全員に返信」しない相手には、全員に返信する必要があることを理解してもらわなければなりません。一対一ではなく、CCを使うなどして複数の人を指定するのは、1通のメールで共有したい内容だからです。その返事も同じように共有が必要な内容です。**共有もれが起きれば効率が落ちるだけでなく、誤解が生まれ**

て、トラブルに発展する可能性もあるのです。

　そのような目的があるにも関わらず「全員に返信」せずに「送信者にのみ返信」するのは、共有が必要ないと思っている可能性があります。メールの機能やルールは知っていて、意図的に共有しないのであれば、共有が必要であることをわかってもらうしかありません。「共有するのはマナー違反」という誤った価値観を持っていたり「このメールは共有すべきではない」とした判断が誤っていたりする可能性もあります。その場合は、次のように伝えて理解を求めます。

共有が必要なため、関係者を CC に入れております。
お手数ですが、返信の際は「全員に返信」をお願いします。

　ここまで書いても全員に返信をしない場合は「全員に返信」する方法がわからないのかもしれません。だからといって、次のように聞くと相手は「馬鹿にされた」「恥をかいた」と感じて、不快になります。

「全員に返信」する方法がわからなければ、方法をお伝えします。
お気軽にお問い合わせください。

　相手の事情や考えを軽視して、ルールや希望を押しつけても解決しません。共通の認識が持てないときは、互いの価値観や狙いに相違があります。**まずは、食い違いの原因を確認して、改善に必要な情報を届けてください。**

返事が遅れたときは、お詫びしたほうがいいですか

　返事が遅れるというのは、相手との約束を守れていない、相手の期待に応えられていない状態なので、こちらに非があります。そのことには、お詫びをしたほうがよいでしょう。お詫びをすることで、相手に迷惑をかけていると認識していることを伝えられます。逆に、**お詫びをしないと、迷惑をかけている自覚がない、迷惑をかけることを悪いと思っていないといったマイナスの印象を与えることになります。**

　迷惑をかけたり、不快にさせたりしていることをわかっているなら、お詫びをしたほうがよいです。では、どのようなお詫びをしたら、いいのでしょうか。次の3つの言い回しを読んで、どう感じますか。

①	ご迷惑をおかけして申し訳ありません。
②	このたびは対応が遅れて大変申し訳ございません。
③	ご容赦いただきますよう、伏してお願い申し上げます。

　それぞれの言い回しには、適した場面があります。添付ファイ

ルをつけ忘れたからといって③のような謝罪のフレーズは過剰な印象で違和感があります。しかし、添付ファイルのつけ忘れが決定打となって数千万円を失注したなら、一気に違和感がなくなるはずです。

　お詫びには、いろいろな言い回しがあります。丁寧であればあるほどいいというものでもないのです。場面に合った言葉遣いをしなければ、誠意は伝わりません。

　たとえば、返信が遅れたとき、どの程度の迷惑をかけたのかによって、使う言葉が変わります。軽度なものであれば、次のようなお詫びで十分です。

失礼いたしました。
申し訳ございません。
お詫びいたします。

　何についてなのか、お詫びの対象を書くことで、より明確となり、事実を受け止めていることも伝わります。たとえば「添付ファイルがもれており、失礼いたしました」「対応が遅れて申し訳ございません」「期日に間に合わなかったことについて、お詫びいたします」というように、具体的に何に対してのお詫びなのかを書きます。

　「失礼いたしました」「申し訳ございません」の前に「大変」をつけると「大変失礼いたしました」「大変申し訳ございません」となって気持ちの強さを表現できます。

メールの文章は
どこまで崩していい
ものでしょうか

　メールで行うのは、単なる情報伝達ではなくコミュニケーションなので、相手や場面に合わせた調整が必要です。それまでよりやわらかく書くなど、メールを崩すとリズムが生まれます。

　ただし、メールを崩すのはコミュニケーションを円滑にするためなのに、目的を見失うと過剰になったり、逆効果になったりするので、注意が必要です。

　メールは仕事上の重要なデータです。**通信履歴や交渉の経緯などが全て残っています。**メールデータは、退職や異動があれば自分以外に引き継がれることも珍しくありません。**個人の持ち物であるメールを会社が勝手に見るのはおかしいと考えるかもしれませんが、メールアドレスは会社の財産です。**業務のために借りているにすぎません。会社の財産から生み出されるメールは、必要であれば会社側に見る権利があるのです。

　大前提として、メールは会社に見られる可能性があると考えたほうがよいでしょう。会社によっては、特定のフレーズが含まれるメールを外部に送れなかったりするのも、監視されていることを示す1つの証拠でしょう。

　メールは、簡単に転送して情報を共有することができます。送

信者は一対一だと思って送ったメールも、受信者の社内で拡散しているかもしれません。顧客対応の現場では、送ったメールが相手の逆鱗に触れ、SNSにアップされる可能性もあるのです。**メールを送った先で不特定多数が見るかもしれないと考えたほうがよいでしょう。**

　そのうえで、メールはどこまで崩していいのか。**一言で言うならば、第三者に見られても恥ずかしくない、誤解を招かない程度です。**「こんにちは！」と書いたメールが相手の会社の第三者の目に留まって「礼儀がない」「常識がない」と思われることも想定すべきです。崩す意味を履き違えて遠慮がなくなれば、失礼にしかなりません。送信者と受信者の二者間で許容される言葉や言い回しもあるでしょう。しかし仕事である以上は、第三者が見たらどう感じるかも考えなければならないことです。

　これはSNSでの発言にも似ています。SNSで書いたことは、個人特定しようと思えば容易にできてしまいます。だからこそ、次のような観点でチェックすべきです。

- **自分の家の玄関に、その内容を貼れるか**
- **渋谷の交差点の真ん中で、同じ内容を叫べるか**

　こうして自分に問い続ければ、発言は抑制され、言葉を正しく扱えるようになります。「ここだけの話ですが」といった安易な発言も、全ては表に出る前提で考えるべきです。メールを崩すのは、さじ加減を誤るとコミュニケーションに支障をきたします。**参考にするのは相手のメールです。**使っている言葉や文体に近づけるようにすると、しっくりと合ってくるでしょう。

何度も同じ文末が
続いてしまいます

　文末が「〜〜ます。〜〜ます。〜〜ます」と同じ言葉が続く
と、単調な印象を与えるだけでなく、読みにくさを感じさせるこ
ともあります。「読みにくい」と感じたら、そこばかり気になっ
てしまい、内容がまったく頭に入ってこないかもしれません。何
度も読み直すことになれば時間を奪われます。あるいは、稚拙な
文章だという印象も与えかねません。内容に落ち度がないのに、
文末で減点されるのは避けたいものです。これもメールがコミュ
ニケーション手段であるという側面を表わしているといえるで
しょう。**文章の読みやすさやリズムも求められてくるのです。**次
の文章を見てみましょう。

ウェブサイトのリニューアルについてご相談があり、
メールをお送りします。
３年前に公開したサイトのアクセスが伸び悩んでいます。
最新の技術を取り入れて、てこ入れをしたほうがいいと考えています。
一度お時間をいただけないかと思っています。

　文末は「〜ます」が続いて単調です。**ここで文末を「〜ます」
だけでなく過去形の「〜ました」を使ったり「〜です」や体言止**

めにしたりすると変化が生まれます。ほかにも、文末を疑問形に
するなども有効でしょう。もちろん、こうした調整は、文末を変
えて意味が変わってしまうことのないように、元の文章の意味か
ら離れないことが前提です。同じ文末を続けるのは2回までを目
安にします。3回続けると単調な印象になっていきます。

　本書も、同じ文末が連続しすぎないように調整しているのが、
おわかりいただけるでしょう。使っている言葉は、どれも難しい
ものではありません。パターンを覚えて、調整のバリエーション
を増やしていくだけです。先ほどの例も、文末を整えると次のよ
うになります。

ウェブサイトのリニューアルについてご相談があり、
メールをお送りしました。
3年前に公開したサイトのアクセスが伸び悩んでいます。
最新の技術を取り入れて、てこ入れをしたほうがいいと考えています。
一度お時間をいただけませんか。

　最初の1文は現在形から過去形にしていますが、読んでいて、
時間軸が飛んでいると思う人はいないでしょう。**肯定文と疑問文
を織り交ぜることでバリエーションが増えます**。語尾の強さを変
えることで、表現自体も豊かになります。
　**ワンパターンを打破して、さらに伝わりやすいメールにしてい
きましょう。**
　同じような情報を伝えるときに、文末を微調整するだけで印象
は変わり、思いの強弱も伝わるようになります。

添付ファイルの容量は
気にするべきですか

　メールの送受信環境がよくなり、大容量のファイルを手軽に送信できる、難なく受信できることに慣れたいま、添付ファイルの容量を気にしない人が増えたようです。過去に、大容量のファイルを添付できずに苦労したり、添付して送ったら「大きすぎて受け取れない」と相手に指摘されたりした苦い経験がある人からしたら、なんともいい時代になりました。

　インターネットの接続が、まだダイヤルアップ方式だったころは、2MB程度の画像でもダウンロードに数分かかったのです。当時はHTML形式を使うとメールが重くなるといって、嫌っていた人もいたくらいです。

　いまは、インターネット環境が整い、光回線の導入が当たり前になりました。大容量のファイルも送受信に苦戦することはありません。そうなるとファイルのサイズに注目する必要がなくなります。メールに画像を添付して送るとき、自動的に圧縮してくれるものもあるので、ファイルサイズを気にせずに添付することが増えました。

　ただし、**相手が受け取れるファイルサイズには制限があります。100MBのファイルを添付できてしまったら、相手のメール**

サーバーの容量を圧迫することにもなりかねません。場合によっては、相手の業務に支障をきたすかもしれません。そのため、送受信できるファイルのサイズに上限が決められています。この上限は、統一された規格があるわけでなく、会社によって異なります。

　一般的に2MB程度であれば、どの組織でも受け取れます。それ以下のサイズしか受け取れないケースもまれにあるので、**添付ファイルをつけてエラーになったら、相手に受け取れる上限を確認すべきでしょう**。ファイルサイズを確認したいときは、ファイルを右クリックして「プロパティ」を選択。これでファイルサイズを確認できます。

　最近では、地方自治体が添付ファイルを禁止したというニュースもありました。ZIP形式で圧縮したファイルをメールに添付して、その後パスワードを別のメールで送るという方法はリスクがあるのでやめよう、となったのです。しかし、代替方法が決まっていないケースもあり、現場には多少の混乱が生じています。

　データを送るにしても、複数の方法があります。

①オンラインストレージサービスを使う
②自社のサーバーにアップロードする
③メールに添付する
④USBなどのメディアに入れて送付する

　添付ファイルの送り方については、自社の運用ルールに従うのが一番でしょう。会社で禁止している方式をとった場合、処罰の対象になるケースもあるので注意が必要です。

仕事でフリーメールを
使ってもいいですか

　原則、仕事でフリーメールは使わないほうがいいです。フリーメールとは、無料で使えるメールアドレスで、代表的なものにGmailやYahoo!メールなどがあります。

　会社は「〜〜〜.co.jp」「〜〜〜.jp」「〜〜〜.com」といった組織のドメインが含まれたメールアドレスを持っています。会社ごとにドメインがあり、ドメインが同じだと同じ会社の人だとわかります。会社独自のメールアドレスを使っていれば、その組織に属していることが確かな証として信頼感があります。

　一方、**フリーメールは使用者全員が同じドメインになるので、迷惑メールを送っている人も真面目に仕事で使っている人も一律に見えて、安心感に欠けるのです。そして、あくまでも、会社のメールアドレスは会社の持ち物、個人のメールアドレスは個人の持ち物です。**休日どうしても得意先にメールを送らなくてはいけなくなり、個人のメールアドレスからメールを送信しよう、会社の情報を個人のパソコンに送って後でチェックしよう、と思ったときは、立ち止まって考えてください。

　会社の情報を個人用のメールアドレスに転送するのは、情報の持ち出しだと判断されます。このような行為は会社で禁止されて

いることが多いので、まずはルールを確認しましょう。実際に、自分の仕事の予定を個人のメールアドレスに転送して、入社早々、始末書を書かされたという話も聞きます。安易な気持ちで情報を転送するのは絶対にやってはいけないことです。**必要なら、上司に事情を伝えて、メールを転送する許可をとったほうが無難です。**顧客に送りたいときは、そのような行為が許容されているのかを確認しましょう。休日には仕事をしないのが一番ですが、どうしてもその必要があるときは、対応を考えます。

①平日になってからメールを送る
②休日出勤して会社からメールを送る
③会社に確認をとったうえで、個人のアドレスから送る
④会社に確認をとらず、個人のアドレスから送る
⑤お客さまに電話をする

　平日になってからメールを送ったのでは、間に合わないかもしれません（①）。それならば休日でも会社に行って、メールを書くのが正解かもしれません（②）。しかし、往復にそれなりの時間をかけてメール1本送りに行くのは非効率なので、電話をするのがよさそうです（⑤）。ただ、休日なので電話をかけてもつながらない可能性があります。そうなるとメールを送る必要が出てきますが、個人のアドレスから送って、始末書1枚で済むのか、小言を言われるのか、わかりません（④）。会社に確認をとったうえであっても、お客さまも普段やりとりをしていないアドレスからのため迷惑メールだと考えるかもしれません（③）。

　結局、個人のアドレスから送るのはリスクしかないでしょう。

メールや文書作成に
苦手意識をなくしたいです

　文章の苦手意識は、どこから生まれるのでしょうか。もしかしたら、小学校時代の作文からかもしれません。理系だから文章が苦手という先入観かもしれません。他人からの「文章がわかりにくい」「敬語が間違っている」という指摘に、委縮してしまった人もいるかもしれません。

　文章が苦手な原因を探っていくと、さまざまな理由があるとわかります。**実は、本人が苦手意識を持っているだけで、周囲の人からは問題視されていない可能性もあります。**いずれにせよ、**苦手意識は自分の足を引っ張り、成長を妨げるので、払拭しましょう。**文章に対する苦手意識を吹き飛ばすためには、次のようなことが必要です。

①**作成にかかる時間を減らす**
②**成果が出たという経験を増やす**

　たくさんの成功体験があれば、自信も深まります。まずは、メールや文章を書く中で成功体験を増やしていきましょう。他人の指摘は、個人的な好みの問題であることも少なくありません。

正しい日本語、正しい敬語が使えることと、成果が出ることはイコールではありません。**まずは、正しく伝わり、不快感がないメールを速く書けることが重要だと、心に決めましょう。**

　時間がかかる原因をあげると次のようなものがあります。

●時間がかかる原因

- 基本ルールを知らない
- 言葉の選択肢が少ない
- 入力が遅い
- 文章の型を知らない

　成果を実感できるのは、相手が正しく動いてくれたときでしょう。相手が期限を守ってくれたり、質問がこなかったり、苦情がこなかったり。つまり、成果を感じられる瞬間は次のようなときです。

- **相手が正しく動いてくれ、伝わったという実感が得られる**
- **相手に褒められ、嬉しいフィードバックがもらえる**

　本書の目次を見返してください。全てを学び、理解ができたら、これらが達成できるということがわかるでしょう。**こうして成功体験が増えていくと、メールを書くことが好きになります。**電話や対面よりもメールのほうが楽だと感じるかもしれません。

　さらに言葉に対する興味が増せば、学びは加速します。ますますメールに興味がわいて、工夫が生まれ、応用が利くようになるでしょう。善循環が起こります。これを繰り返した結果、手に入るのが「自信」です。

メールで使うべき敬語を知りたいです

　敬語は、尊敬語、謙譲語、丁寧語に分かれます。丁寧語は、語尾が「です」「ます」で終わるものです。**コミュニケーションでは丁寧語が使えれば、まずは十分です。**多くの人が悩むのが、尊敬語と謙譲語の使い分けです。

　メールで使うものは基本的な動作にかかわるものばかりです。「する」「言う」「聞く」「見る」「行く」といった動作は、メールの中でも頻繁に登場します。

　たとえば、添付ファイルの資料を見てもらうときは、相手の動作に敬意を払って「資料をご覧（ご確認）ください」と書けばよいでしょう。一方、こちらが資料を見るならば、こちらを下げて相対的に相手を高く見せる謙譲語で「資料を拝見（確認いた）します」と書けばよいのです。

　相手の動作に謙譲語を使うと「資料を拝見してください」となり、敬語の誤用となります。**尊敬語は相手の動作につける、謙譲語は自分の動作につける。**これがわかっているだけでも間違いを格段に減らすことができるでしょう。

　過剰に敬語を使ってしまい「山田様が会場にいらっしゃられる予定です」のように二重敬語にならないように注意します。この

場合は「山田様が会場にいらっしゃる予定です」とすればよいで
しょう。

●二重敬語の例

お食事を召し上がられてください。
資料をご覧になられてください。

　これらは両方とも二重敬語で、同じ種類の敬語を2つ重ねた間
違いです。ちなみに「お伺いします」は「お〜します」という謙
譲表現に「伺う」という謙譲語をあわせているため二重敬語で
す。しかし、**この表現は一般にもかなり浸透して利用されている
ため、許容範囲とされています。**

●よく使う敬語一覧

動詞	尊敬語	謙譲語	丁寧語
する	なさる / される	いたす	します
いる	いらっしゃる	おる	います
言う	おっしゃる	申す / 申し上げる	言います
聞く	お聞きになる	伺う / お聞きする	聞きます
見る	ご覧になる	拝見する	見ます
行く	いらっしゃる	伺う / 参る	行きます
食べる	召し上がる	頂戴する / いただく	食べます

メールの語彙力は、
どうやったら高まりますか

　語彙の豊富な人は、メールを楽にスラスラと書ける。そんな印象があるかもしれません。相手や場面に適した言葉を使う、相手の感情に寄り添って気の利いた一言を添えるのに、言葉の選択肢をたくさん持っているに越したことはないでしょう。言葉を使い分けることができれば、文章の与える印象をコントロールできるようになり、良好な関係を築け、仕事がスムーズに進みます。だから語彙力を高めたいと考える人がいるのも納得です。

　ただ、語彙は豊富でなくてもメールは十分書けます。たとえば、本書で使っている言葉は、ほぼ全てが知っているものではないでしょうか。言い回しにしても過去に見たことがある、単語にしても辞書を引かずに意味がわかるはずです。

　同じように、メールで気の利いた言い回しを見つけたとしても理解できるものが大半です。つまり、その言い回しは、元から知っていた、持っていたものなのです。

　メールを書くときに、その言い回しや言葉が出てこないから、語彙力がないと考えてしまうのでしょう。**語彙が少ないのではなく、使えていないのです。使えないのは、言葉を思い出せないだけかもしれません。**

　新しく言葉を覚えるよりは、使える言葉を増やすのが先です。それぞれの言い回しや言葉が、どのように使われているか、しっかり理解すれば頭に残り、使えるようになります。

　語彙を増やそうと思ったら、1つの状況に対して5〜10フレーズくらい使い分けられるとよいでしょう。謝罪、断り、報告、連絡、相談、感謝など、さまざまなシチュエーションで使える言葉を増やしていくのです。

　たとえば、感謝を伝える言葉を10くらいあげてみてください。スラスラと出てきますか。

●感謝を伝える言葉の例

```
ありがとうございます。
助かりました。
大変助かりました。
感謝しております。
大変嬉しく思います。
心より感謝申し上げます。
重ねて御礼申し上げます。
感謝の気持ちでいっぱいです。
ご尽力いただきありがとうございます。
気にかけてくださりありがとうございます。
```

　これら全ては、見たことがある、意味のわかるフレーズでしょう。すでに頭の中にはフレーズが入っているので、後は使い方のパターンを覚えるだけ。市販の文例集を参考にしてもよいでしょうし、本書でもたくさん取り上げています。**何度も使っているうちに普段から使える言葉に変わっていきます。**

　大切なのは相手と場面に合った言葉を選ぶこと。語彙が多くても、合っていない言葉を使えば意味がありません。

メールでは
細かいニュアンスが
伝わりません

　メールは対面のコミュニケーションと異なり、細かいニュアンスが伝わりません。「ありがとう」という言葉1つとっても、対面や電話なら語尾を上げるか下げるか、消え入るような声か、ハキハキ話すかによって伝わってくる意図は変わります。**メールで細かいニュアンスを伝えるには、言葉にするしかありません。**これが唯一の方法です。**語尾のトーンや声の調子で感情を表すように、文章にも感情を乗せることはできます。**「ありがとう」にも言葉を足すと、想像しているニュアンスに近づけやすくなります。

●弱い感謝を伝えたい「ありがとう」

> ご対応いただき、ありがとうございます。

●強い感謝を伝えたい「ありがとう」

> このたびはご尽力いただき本当にありがとうございます。
> ○○様のお力添えがなければ本プロジェクトは成功できませんでした。

　メールは、考えや思いを言葉にすることでしか伝えられません。以心伝心で、同じ気持ちを受け取ってもらうのを期待するのは無理があります。

　たとえば、ウェブサイトの制作を依頼して、納品されたものを見たら、思ったような出来ではなかったとします。そのときに次のように伝えたら、どうでしょうか。

> 思っていたのと何か違うんです。

　これでは伝わるはずがありません。**論点となるものの省略が多すぎます。**思っていたのと違うのは、デザインなのか、色合いなのか、写真なのか、機能なのか、構造なのか、原稿なのか、判断がつきません。どう違うのか、程度もわかりません。**メールで伝えるためには、自分が抱いた違和感を具体的に言語化する必要があります。**この「言語化能力」は、これからますます大事になるでしょう。

　どのように言葉を組み合わせたら自分の意図と近くなるのか。意図に近づけるためには、ポイントを明確にしてから、伝わる言葉を見つけるしかありません。感覚表現や抽象度の高い表現を避けて、具体的に書きます。ウェブサイトのデザインであればイメージに近いサイトを見つけ出して、次のように伝えれば共通の認識が持てて話も早いでしょう。

> ○○サイトのメニュー構成を参考にしてください。
> すごくわかりやすくて、使いやすいと思っています。
> 色については、××サイトの黒い箇所を参考にしたいと考えています。

メールが長くなるのですが、どうしたらいいですか

　メールが長くなることは悪いことだ。印刷して、A4用紙1枚に収まるのがいい。そのような論調があるようですが、それは誤りです。もちろん、メールに書いてある情報が少なければ、処理するのは楽で、理解は早いでしょう。しかし、メールに書いている情報の量は関係なしに、長いことを問題視して、A4用紙1枚に収めるようにするのは、別の問題を引き起こします。

　A4用紙1枚に収まるよう、文章を削っていく中で、必要な情報を省くかもしれません。**言葉が足らず、伝わらなくなったら本末転倒です。**書いてある真意を推測するのに無駄な時間を費やす可能性もあります。行間を削除すれば、読みにくいレイアウトになります。**読みにくいメールは、何度も読み返すことになり、かえって時間を奪うでしょう。**

　必要な情報を盛り込んだ結果、メールが長くなるのは問題がありません。**A4用紙1枚に収まらなくても、見た目が読みやすければ、読み進めてもらえます。**理解するのに時間はとられません。**重要なのは相手が速く読み終わるメールを書くことです。**

　挨拶や名乗りを省略して目で追う文字が減っても、違和感が残れば、読むスピードは落ちます。「挨拶がなくて唐突だな」「名乗

らないとは雑だな」と読み手が思うかもしれません。読み手は文章と一緒に状況を読んでいます。普段とは違うこと、馴染みのないことが起これば理由を考えます。そうしたつまずきが時間をロスします。そこまで含めて相手が1秒でも速く読み終わり、速やかに処理ができる。加えて、不快感や違和感が生まれない。そのようなメールを目指したいものです。

1秒でも速く読み終わるメールは、理解がしやすく、誤解が生まれにくい傾向があります。メールが長くなっても、そこに必然性があれば問題はないのです。

メールが読みにくくて、わかりにくいことを「メールが長い」と指摘する人がいます。長いと言われたら、短くするのが正解だと思い込んでしまうのも無理はありません。問題は、読みにくかったり、わかりにくかったりすることです。指摘をするならば、その点に留意して、意図を伝えるべきです。長さに論点を置いた指摘で誤解を招くことのないようにしましょう。

> メールが読みにくく、理解するのに時間がかかっています。
> 情報量は十分なので、もう少し整理して書いてもらえませんか。
> 箇条書きにしたり、行間をとったりすると、読みやすくなると思います。

長文で伝えようと思ったら、メールを構造化する必要があります。罫線や記号などを駆使して、大見出し、中見出し、小見出しのように構造を作ります。相手は、全体の構造を理解したうえで詳細を読み進めるので、誤解が生まれにくくなります。

代理送信する場合、相手との距離感がわかりません

　営業のアシスタントや上司のサポートをしている人などは、当事者の代わりにメールを送ることもあるでしょう。その際、悩むのがメールを送る相手との距離感です。丁寧すぎれば他人行儀だと思われる、くだけすぎれば馴れ馴れしいと思われる可能性があり、当事者の代わりとしての立ち位置に迷います。

　実は、そこまで難しく考える必要はありません。**当事者と相手との距離感ではなく、自分と相手との距離感で判断すればいいのです**。たとえば、上司と相手の距離がとても近かったとします。それでも、自分は相手と面識がなければ、その距離感に合った対応をします。上司を真似して、距離の近いコミュニケーションをとれば、面識のない人からのくだけたメールに相手は違和感を覚えます。

　相手と面識がない、やりとりをしたことがないけれど、メールを新規で送らなくてはいけない場合は、簡単な自己紹介をして代理でメールを送る理由を伝えます。

営業アシスタントの〇〇と申します。
本日は、××から指示を受け、メールをお送りしました。

　本来メールを送るべき当事者と、実際にメールを送った代理人との関係性がわかれば、相手は納得します。この説明がないと「この人は誰だろう。同僚なのか、アシスタントなのか、部下なのか、もしかしたら上司かもしれない」というように、関係をつかむのに頭を悩ませてしまいます。

　代理人は当事者の部下だと思って「ご対応いただき助かりました」と返信したら、上司に当たる人だった。上司だとわかっていたら、もうちょっと丁寧に「ご対応いただき大変助かりました。本当にありがとうございます」と書いたのに、失礼なことをしたと思わせるかもしれません。

　当事者が不在のため代理で返信する場合は、本人が返信できない理由や代理で返信した理由を添えます。

> 営業アシスタントの○○です。
> 担当の××が本日休みのため、代わりに私が対応させていただきます。

　相手も、このような経験が蓄積されると、どんなときに代理で動いてもらえるのかがわかり安心できます。同様なケースでは同じ対応を期待します。だからこそ、代わりに対応するには正当な理由が必要です。暇だった、たまたま手が空いていたなど場当たり的な対応はやめましょう。

　代理で何度もメールを送るうちに相手との関係が構築されます。**親しくなったと判断したら多少崩して、相手がかたい書き方を望んでいると察したら距離感は変えずに、相手のメールを見て出方を決めます。**

なぜ、メールの返信が
こないのでしょうか

　メールを送ったのに返信がこない。これは、ビジネスメールの
お悩みランキング上位といっても過言ではないくらい、多くの人
が抱えている課題の1つです。返信がこないのには、何かしらの
理由があります。段階で分けると次の3つが考えられます。

①メールが届いていない
②メールは届いているが読んでいない
③メールを読んでいるが返信が必要だと思っていない

　**まずは、相手の対応を疑う前に、送信済みフォルダーを確認し
ましょう。** そもそも、メールを送っていなければ返信はきませ
ん。冗談のような話ですが、メールアドレスが間違っている、下
書きに入ったままだったということもあり得ます。

　次に、相手に届いたメールが迷惑メールフォルダーに振り分け
られている、受信トレイに届いているけれど見落としているな
ど、相手の視界に入っていない可能性を考えます。あるいは、件
名を見て「不要なメールだ」と判断していたり「忙しいから後
で」と後回しにしていたりする可能性も捨てきれません。誤操作

によりメール自体を削除してしまったかもしれません。

　確実に読んでもらうために、相手が「自分が読む（処理する）べきメールだ」と思うような具体的な件名をつけるのは必須です。

　ここまで取り組んでいるのに返信してもらえないなら、メールの内容に問題があるといえるでしょう。メールを読んだうえで返信しないのであれば、次のような理由が考えられます。

（1）自分が対応すべきだと思わなかった
（2）返信が必要だと思わなかった
（3）どう返していいかわからなかった

　宛先に複数の人を入れている場合、誰が返信すべきかわからず放置されることがあります。それを避けたいときは、宛先（TO）には1人だけ入れること。1人なら責任の所在は明確で、対応すべきは本人のみです。

　質問だと読み取れなければ答える必要は生まれません。「このメールを読んだら返信が必要です」とアピールしなければわからないこともあります。**メールの冒頭で確認・相談などの言葉を使って要旨を伝えたり、メールの最後で具体的に返信をうながすような一言を添えたりするのは、書き手側でできるリスクヘッジです。**

　求めることが曖昧だと相手は「どう返したらいいんだろう」と迷います。判断に困るメールは負担でしかありません。**望むアクションを具体的に伝えることで解決できる問題です。**

送信者がわからないメールは、どう対応したらよいですか

　送信者がわからないからといって、中身を確認せずに削除するわけにはいきません。面識のない人からメールが届くと驚くでしょうが、相手は何かしらの方法でメールアドレスを知り得て、送っているのです。**どんなメールも理由があって送られてきたものなので、内容を確認する必要があります。**担当者の変更があって、後任が送ってきたメールかもしれません。

　ただし、最近は、名刺交換しただけで営業メールが届いたり、ウェブサイトにメールアドレスを公開しただけでスパムメール（迷惑メール）が届いたりすることもあり、中には明らかに不要なメールがあるのも事実です。

　次のようなメールは誰にとっても不要なメールでしょう。

①スパムメール
②営業メールかスパムメールか判断がつかないもの

　スパムメールでよくあるのが、銀行や大手通販サイトなどの名をかたって「パスワードを変更してください」「有効期限が切れました」などと焦らせて偽物のウェブサイトにアクセスさせ、ク

レジットカード番号、アカウント情報（ユーザID、パスワードなど）といった重要な個人情報を盗み出そうとするものです。本文を読んで、ちょっとでも違和感があったら「怪しい」と思いましょう。怪しいメールは、URLをクリックする前に必ずマウスをあてて、リンク先のURLを確認します。**その会社のURLではないと明らかにわかるようなドメインの場合、絶対にクリックしてはいけません。**冷静に、スパムメールは無視をしましょう。

　スパムメールだと判断ができないけれど、身に覚えのないメールも届きます。本文を読むと「きちんと記事として書かれているもの」と「怪しげなサイトに誘導しようとするもの」があります。前者については、解除用URLがあれば、そこから解除するか、個人で送ってくるものならば、次のようなメールを送り、配信拒否のスタンスを伝えてもよいでしょう。

こちらのメールマガジンに登録した覚えはありません。
今後は、配信を控えていただきますよう、よろしくお願いいたします。

怪しげなサイトに誘導しようとするものは、スパムメール認定して、無視をするのが一番です。あまりにもひどい営業行為が続く場合は、迷惑メール相談センターなどに連絡をしてみてもよいでしょう。**相手が宛先を間違えて送っている可能性があるときは「送信先をお間違えではないでしょうか」「私は○○の担当ではありませんが、お役に立てることはございますか」のように確認をうながすメールを送りましょう。**間違って届いたメールを無視すると、本来受け取るべき人が無視したと思われる可能性があります。

相手が伝えたいことが
わからないとき、
うまい聞き方はありますか

　相手が伝えたいことがわからないのは、伝え方が悪いと決めつけて、次のような言葉が頭に浮かんだら、危険サインです。

●危険サインの例

おっしゃっている意味がまったくわかりません。
もうちょっと、わかりやすく説明してください。
抽象的すぎて、よくわかりません。

　このような文面を目にしたら、相手も攻撃態勢に入ってしまい、わかるように伝える努力とは逆行します。相手が伝えたいことをわかりたいのであれば、わかるように説明してもらわなければなりません。どう書いたら、相手は気持ちよく説明してくれるでしょうか。

　失礼にならないようにしたいなら「どのような言い回しをすると失礼か」を考えてみましょう。たとえば、攻撃的、馬鹿にしている、いいかげん、投げやり、乱暴、失礼、冷たいといった印象を覚える言い回しは、誰にとっても気分が悪いものです。怒りが

こみあげてくるかもしれません。

　伝えたいことがわからないイライラを相手にぶつけたり、責めたりするのはお門違いです。**わからないのは、相手の伝え方ではなく、こちらの理解力の問題かもしれません**。さまざまな可能性が考えられるからこそ、礼儀を欠いた言動を慎みます。

　書き手が置かれている状態によって、適した言い回しは変わります。

●こちらの勉強不足が原因の場合

> 不勉強のため理解ができず申し訳ございません。
> 〜〜について、もう少し詳しく教えていただけませんか。

●こちらの理解不足が原因の場合

> 〜について理解が追いついておらず大変恐縮です。
> 〜〜について、もう少し詳しく教えていただけませんか。

●相手の説明不足・勘違いの場合

> こちらの解釈に誤りがあるといけませんので確認させてください。
> 〜〜については、〜〜という解釈でよろしいでしょうか。

　相手を責めずに、こちらの問題として確認します。**相手が説明の悪さに気づいて謝罪したら、あらためての丁寧な説明に感謝をします。メールで説明を求めるのが難しいほどまったくわからないときは、迷わず電話をかけましょう**。口頭のほうが伝えやすいこともあります。電話でまとめて質問して回答を得るほうが、全体を把握しやすく、時間もかかりません。

相手が電話を望んでいるか、どうやって見極めたらいいですか

　メールは、書き手が好きなときに送ることができる手軽なコミュニケーション手段です。**対面や電話のように即時の反応をしなくていいので、言葉をじっくりと選んで、自分のペースでコミュニケーションがとれます。**

　しかし、メリットのあるメールも万能ではありません。仕事では、メール以外にも対面や電話、チャットなど、さまざまなコミュニケーション手段を使い分けるのが通常です。メールだと言葉が強くなってしまったり、言いたいことを伝えられなかったりするため、できる限り電話でコミュニケーションをとりたいという人もいます。

メールのメリット	メールのデメリット
・じっくり考えられる ・好きなときに送受信できる ・好きな場所から送受信できる ・すぐに届く ・互いの時間を奪わない ・ほぼ費用がかからない ・複製が簡単 ・履歴が残る	・込み入った話をするのが難しい ・伝わったかわからない ・細かいニュアンスを伝えにくい ・表現が冷たくなりがち ・メールを読んだかわからない ・メールが苦手・嫌いな人もいる

　コミュニケーション手段は、相手が望んでいるものを使ったほうが親切です。「対応は全てメールだけ、電話は一切使っていません」という問い合わせ窓口もありますが、やはり一部のお客さまから不満の声が出ているようです。メールではうまく伝えられない、時間がかかるから電話で問い合わせたいというお客さまの希望や事情には寄り添っていないからです。どの手段を使うのかは、相手によって見極めが必要です。見極めが苦手ならば、率直に相手にメールで聞いてみましょう。

　自分が好むコミュニケーション手段があるならば、次のように事前に伝えます。

> 普段お客さまには、メールでのご連絡をお願いしているのですが、今回もそのようにさせていただいて、よろしいでしょうか。

　用件によってメールと電話を使い分けてもよいでしょう。**メールが向くのは、仕事を淡々と進めるようなときです。**日程を調整する、アポイントメントをとる、お礼を伝える、依頼を引き受けるといった日常業務に向いています。一方、**料金を交渉する、苦言を呈する、謝罪する、継続していた契約を断る、大きな問題に対して理解を求めるなどデリケートな内容は、伝えながら相手の反応を確認できる電話や対面を選んだほうがいいでしょう。**

　メールがうまい人は大半のことはメールを使いますが、自信のない人が全てをメールで行うのは危険です。**内容の重要度や緊急度を考えて手段を使い分け、慣れてきたら上を目指すようにします。**

どんな工夫をしたら
開封率が上がりますか

　**メールを開封してもらいたいなら、内容がわかる件名をつける
だけです。**内容がわかる件名をつけていれば開封されます。では
どうして「開封率を上げたい」という悩みが出てくるのでしょう
か。

　相手のリアクションがないときに、送信者は合理的な理由を探
します。すぐに思いつくのが「開封してもらえていない」という
理由です。開封してもらうために、どうしたらいいのかを考えた
末、多くの人が「件名を目立たせれば開封される」という結論に
行き着きます。そうなると、相手のメールボックスには次のよう
な件名のメールが届くようになるのです。

欲しい人材が確実に採用できる◆新企画のお知らせ
■売上を50%アップしたい■社長様へのご提案
【いまだけ30% OFF!】決算キャンペーンのご報告

　通常のビジネスメールの中に、これらが並んでいたら、開封さ
れるでしょうか。

　相手にとってのメリットを伝えていますが、メールボックスの中で異質に映ります。このようなメールは、メルマガやDMのようなものだと判断されます。その判断は、過去の経験の蓄積です。売り込みが強かったり、やたらメリットを強調したりしているものは、広告的なものばかりです。そのため、優先順位を下げられ、開封されなくなってしまうのです。

　前提として考えるべきなのは、ビジネスメールの開封率は100％であるということ。開封しないメールがあったら仕事が停滞して、メールを見ていなければ注意もされるので、そうした事態は誰もが避けたいと考えています。

　メルマガの開封率を上げるために件名を工夫するのはよい方法ですが、それを通常の仕事のメールにも当てはめるのは違います。自分が送ろうとしているメールが、一斉送信の営業メールなのか、個別の仕事メールなのかを整理すべきでしょう。

　それでは、開封しなくても内容がわかる件名をつけているのに成果が出ない理由を考えてみましょう。返信がこない原因は、件名ではなく、本文の内容にあるかもしれません。**具体的なアクションが書かれていない、返事をする必要はないと思われていれば、返信がこないのも当然です**。

　もう1つ考えられる理由があります。それは「**不要なメールを送ってくる人だ**」「**営業メールを送ってくる人だ**」**と認識されている可能性**です。その場合は、件名をどんなに工夫しても、開封されないでしょう。ただし、相手がメールを受け取っているということは「つながりは残しておきたい」と考えている可能性があるので、挽回する余地があります。必要なメールを送ってくる人と認識してもらうためにできることを考えてみましょう。

営業メールを送るとき、件名が似通ってしまいます

　似通った件名が受信トレイに増えると、相手も慣れてきます。「また同じ人から、同じ内容の営業メールがきた」と考えます。**いつも同じだから返事をしなくてもいいと判断したら、開封する必要がなくなります。**一度でも返信不要の烙印を押されると、どんなメールを送っても開く前に「開かなくてもよいだろう」「不要だな」「迷惑だな」と坂道を転がるようにマイナスな印象が加速します。たとえば、不動産会社の営業担当者が次のようなお誘いメールを送ったとします。

> 『○○パークタウン』見学のお誘い

　資料請求者に対して送るメールとしては違和感がありません。相手は一対一のメールがきたと考えるでしょう。ただし、営業プロセス上、資料請求後は見学促進が控えているのは珍しくありません。そうなると、次に送るメールも同じような件名になりがちです。見学の予約が入るまで、何度も同じ件名で送ってしまうこともあり得ます。

　相手は届いたメールが「誰から」の「何の件」かを必ず見てい

ます。メールが届くたびに学習して、同じ人から同じようなパターンのメールが届けば「まただ。無視をしてもよい」と判断するのです。**裏を返せば「同じではない。唯一のメールだ」と判断されれば無視はされません。**

　読み物や情報提供として、複数の切り口を持ち、件名を変えてメールを送ります。その内容が相手に響けば「これから届くメールも無視できない」と学習して、次回以降も開いてくれるでしょう。

　営業メールは返事をもらえないことや、進捗がないこともあるので、同じ内容を送りたいときもあるでしょう。しかし、同じようなメールを送り続けた先に待ち受けているのは無反応です。**手間がかかったとしても、多少の工夫が営業効果を上げると心得ましょう。**

　たとえば、毎週、同じ文面で日付だけ変えて見学をうながすメールを送ったとします。件名は、毎回工夫しても大きな変化は出せません。それが繰り返されると相手はメールに慣れて開封しなくなります。それでも、このようなメールにも送り続ける意味があります。毎週、見学に誘うことで「いつ見学してもいい」と相手に気づかせ、声をかけやすい存在でいられるので、タイミングが合ったら「急ですが明日は見学できますか」と連絡がくるかもしれません。**工夫しても反応がないからとメールを送るのをやめたら、突然接点がなくなり、連絡のとりにくい関係に逆戻りします。**相手に見学したいときがきても連絡はせず、ホームページから再度問い合わせてくるかもしれません。そうなれば一からやり直しです。**営業としてやるべきことは、定期接触を続けて、相手が「不要だ」と言うまでフォローを続けることにあるのです。**

営業メールは、
どれくらいの頻度で
送ればいいのでしょうか

　営業活動は、お客さまとの接点なしには成立しません。コミュニケーションをとって、信頼を築いて、一緒になって課題解決や目標達成を目指すのが営業担当者の役割です。**サービスや商品・製品の購入や導入、契約締結など、営業活動のゴールはさまざまですが、全ては、営業担当者からお客さまへのコンタクトから始まります。**

　接触頻度が高ければ記憶が強化されて、いざというときに思い出してもらえるようになります。一番近い存在として信頼が生まれることも期待できます。**だからといって闇雲に毎日メールを送れば、営業の道から外れて逆効果です。**メールを送る頻度は目的によって異なります。**定期的に接触して記憶を維持したいなら週に1回から月に1回くらいが妥当でしょう。**名刺交換しただけの相手から1年間に1回だけ挨拶や近況報告のメールが届いたら、誰だか思い出せない確率が高いです。毎日メールがきたら、記憶には残るけれど高い確率でうっとうしがられます。**月に1回の連絡で迷惑になるなら脈はないと判断します。**先に述べたように、通常は、週に1回から月に1回くらいが最適だと考えられます。

　メールを送る内容によっても相手の反応は違います。「商品

（サービス）を買いませんか」というメールが毎日届いたら、売り込みが強いと感じて不快感が生まれる可能性があります。**商品やサービスにまつわる参考情報なら「役に立つ」と喜ばれるかもしれません。**たとえば、メールの書き方に興味がある人に対して、メールの書き方に関する情報を提供するのは、相手にとってメリットがあります。その中で研修やセミナーの案内がたまにあっても違和感は生まれません。

　営業がすべきなのは接点管理です。相手が忘れないくらいの頻度でメールを送り続け、自社や商品（サービス）のことを覚えてもらう。さらに、**選ぶ価値や優位性を伝え続けることが大事です。**

　「営業担当者」という大きなカテゴリーではなく「〇〇の営業担当者」と自分の営業領域で力が発揮できる強みを記憶してもらえたら、話は早いでしょう。

　「不動産会社の人」よりも「東京の投資用マンションに詳しい不動産会社の人」と記憶されたほうが仕事につながる可能性は高いのです。不動産で困ったとき、真っ先に声をかけるのは身近な知り合いでしょう。知り合いにいなかったら、過去に出会った人を頼る可能性もあるからこそ、自社の優位な点や特徴を記憶してもらうために、接触を続けていく必要があります。

　短期での商談成立を目指すならば、相手が結論を出すまで、短いスパンでフォローをします。キャンペーンの終了期限が近いなら、メールで決断を迫ってもよいでしょう。相手が興味を持って検討しているならなおさらです。検討度合いが低いなら週に1回などメールを送るペースを落として調整します。**営業の役割は、相手の判断の手助けをして、背中を押すことだと心得ましょう。**

平野 友朗（ひらの ともあき）
一般社団法人日本ビジネスメール協会　代表理事
株式会社アイ・コミュニケーション　代表取締役
実践塾シェアクラブ　主宰
1974年、北海道生まれ。筑波大学人間学類で認知心理学を専攻。広告代理店勤務を経て、独立。2004年、アイ・コミュニケーションを設立。2013年、一般社団法人日本ビジネスメール協会を設立。ビジネスメール教育の専門家。メールのスキル向上指導、組織のメールのルール策定、メールコミュニケーションの効率化や時間短縮による業務改善など、支援実績は多岐にわたる。これまでに研修やコンサルティングを行った組織は、官公庁から民間企業、団体や学校に至るまで5000を超える。年間150回以上の研修やセミナーでの講演、1500回以上のメディア掲載、2003年から続くメルマガ「毎日0.1%の成長」を通じて、ビジネスメール教育の普及に力を注いでいる。著書は『そのまま使える！ ビジネスメール文例大全』（ナツメ社）、『仕事ができる人は実践している！ ビジネスメール最速時短術』（日経BP）など34冊。

一般社団法人日本ビジネスメール協会
https://businessmail.or.jp/
株式会社アイ・コミュニケーション
https://www.sc-p.jp/
ビジネスメールの教科書
https://business-mail.jp/

コミュニケーションに失敗しないための
ビジネスメールの書き方100の法則

2023年5月10日　初版第1刷発行

著　者——平野 友朗　© 2023 Tomoaki Hirano
編集協力——直井 章子
発行者——張 士洛
発行所——日本能率協会マネジメントセンター
〒103-6009 東京都中央区日本橋2-7-1　東京日本橋タワー

TEL 03（6362）4339（編集）／03（6362）4558（販売）
FAX 03（3272）8127（編集・販売）
https://www.jmam.co.jp/

装　　丁——冨澤 崇（EBranch）
本文DTP——株式会社森の印刷屋
印刷・製本所——三松堂株式会社

ISBN 978-4-8005-9102-9　C2034
落丁・乱丁はおとりかえします。
PRINTED IN JAPAN